Somè
Sommaire

Kontribisyòn / Contributions

Gaelle Bien-Aimé

Nathalie Batraville

Rebecca Bruny

Edwidge Danticat

Gessica Généus

Shanna Jean-Baptiste

Keylah Mellon

Fania Noël

Wyddiane Prophète

Direktris piblikasyon a / Publication director

Fania Noël

Ilistrasyòn / Illustrations

Corine Bond

Koreksyon / Editors
Tradiksòn / Translation

Talie Cérin

Doris Lapommeray

Nadine Mondestin

Relektris / Proofreaders

Jo Blount

Benaïah Jacques

Anne Plantier

YON FRONTYÈ KI PA JANM FINI

Li t ap mal pou panse fwontyè yo sèvi pou separe nou ak lòt moun, san diskriminasyon. Menm jan ak lekti, fwontyè yo gen sans yo. Nan ka pa Ayiti a, fwontyè te rann li posib pou trase limit premye repiblik nwa a epi kreye yon teritwa kote moun nwa ak invèsalis te ka egziste nan mitan yon kontinan esklavajis. Fwontyè sa yo sèvi pou pwoteje lòt moun kont nou. Lòt yo, sa vle di peyi ki pi pre nou jeyografikman yo : Sendomeng, peyi nan Karayib la , Amerik di Sid ak Etazini, men tou sa ki pi lwen yo : Kanada ak peyi Ewopeyen yo.

Se paske limit fwontyè yo ka pwolonje e limit yo depann de bon volonte lòt moun, ki fè li pa kòmanse sou teritwa pa yo men ann Ayiti (oubyen nan lòt peyi ki sanble ak li): done biyometrik, depoze aplikasyon viza, ouvè ak fenmen fwontyè yo.

Menm jan fwontyè entènasyonal yo pèmèt yo separe lòt moun ak nou, fwontyè ki anndan yo separe nou ak lòt yo : nou fabrike yo nan espas piblik ak barikad nou enstale devan kay nou oswa katye nou pou "pwoteje" nou; machin ak vit tente, gwo lekòl, bon lekòl ak ti lekòl nan zòn . Menm jan ak fwontyè entènasyonal yo, fwontyè ki anndan yo pa dekouraje anyen, sak pi rèd ka, lè ou gade seksyon "ensekirite ak nouvèl" yo ou wè nan ki pwen yo pa efikas.

Vis prezidan Etazini Kamala Harris te deklare "Pa vini!" kèk mwa aprè inogirasyon li. Nouvo rejim prezidans lan pa pote gwo chanjman pou imigran Ayisyen ki reprezante 40% fanmi ki nan sant detansyon ak prizon pou migran, sa yo rele "sant detansyon administratif" yo nan langan nouvèl teknokrat yo. "Pasaj entèdi" se mesaj sa a ki ekri kole soi yon mi nan yon koub anvan ou antre nan yon katye rezidansyèl. Pandan sosyete a mande nou respekte fwontyè, limit ak separasyon, li mande nou tou pou nou pa mande reklame dwa fwontyè pèsonèl nou (limitasyon) pou kò nou, ak vi pèsonèl nou ak nanm nou. Manman-papa, poto-mitan, fanm vanyan, madan sara, tout se pèsonaj ki mande sakrifis pou ranfòse yon domèn san limit kote fwontyè pa egziste. Nan ka sa yo, konsèp fwontyè a jistifye e l gen valè nan je sosyete sèlman lè se relasyon nou ak yon papa, oswa yon patnè womantik, oswa lè nou fin ranpli devwa nou epi aksepte pozisyon nou antanke manman pitit.

FROM THE UNLIMITED DOMAIN OF THE BORDER

It would be wrong to think that borders indistinctly serve to separate us from others. Just like reading, borders have a meaning to be deciphered. In the case of Haiti, borders circumscribed the first Black Republic and created a land where Blackness and universalism would hold court in the heart of a slave continent. These borders serve and protect *others* from *us*-those *others*, generally being those that are geographically closest to us: the Dominican Republic, the Caribbean and South American nations, the United States, but also those more distant, like Canada and European nations.

The porosity of the border's delimitation depends on others' goodwill, which is why it is not drawn around their territories but rather within Haiti itself (or similar countries). This delimitation consists of biometric data, registration of visa applications, opening and closing of borders.

Just as international borders make it possible to separate *them* from *us*, internal borders separate us from others: their materiality expresses itself in public space in the form of gates enclosing homes and neighborhoods in the name of "protection"; cars hidden behind tinted windows; and first, second, or eighth-tier schools. Much like international borders, internal borders have little dissuasive power–on the contrary, their inefficiency is more glaring every day, as chronicled by the "crime and human drama" news columns.

"Do not come!" trumpeted U.S. Vice President Kamala Harris a few months after her inauguration. The new administration hasn't changed much for Haitian migrants, who account for 40% of families detained in migrant prisons, euphemistically labeled "administrative detention centers" in technocratic newspeak. In a residential area, a "No entry" sign is posted on a dead end street. While forced to respect borders, boundaries and separations, we're told not to claim our rights to the borders (boundaries) of our bodies, our personal lives and our souls. *Manman-papa, poto-mitan, fanm vanyan, madan Sara*, one sacrificial figure after another, each serving to extend the unlimited domain of the absence of boundary, and the persistence of the non/boundary. In this case, the border justifies and legitimates itself when it results from proximity to a father, a spouse or after fulfilling our *duty* and rising to the status of *manman pitit*.

Dezyèm nimewo Alaso sa konsantre sou non/fwontyè kòm yon espas transfòmasyon, ki lwen limit yo, men ki chita nan mitan sèk sosyal ak politik la. Li òganize definisyon relasyon ki genyen ant pouvwa ak dominasyon, rekonpans pou moun ki asire epi jere non/fwontyè sa yo, ak ki pinisyon ki egziste pou sa ki vle aboli fwontyè sa yo.

Nan paj sa yo, nou vle ofri kèk pasaj refleksyon feminis sou sijè non/fwontyè sa. Nou ouvri nimewo sa a avèk sa yo ki deja travèse plizyè fwontyè ke yo repouse pou tounen anndan fwontyè Ayiti yo, avèk yon entèvyou ki fèt ak yon jèn fanm 25 lane yo depòte sot Ozetazini an 2021. Kisa fwontyè fè kò nou? Se kesyon sa ekriven, Edwidge Danticat, eksplore nan redaksyon li an. Viv, men pa la, men kisa nou pote avèk nou lè nou ale la? Otè dramatik ak aktris Gaëlle Bien-Aimé, Dr. Nathalie Batraville ak direktè piblikasyon an, Fania Noël, eksplore bote kreye nouvo bagay ak sa ki rete yo, sa ki pèdi yo ak sa yo ba nou. Si yo ka travèse fwontyè a , yo ka abite ladann l tou. Direktè Gessica Généus ak fotograf Keylah Mellon ofri nou yon refleksyon sou travay yo, idantite yo ak ki jan lòt moun resevwa sa yo kreye.

E paske gen yon fwontyè nou tout pral oblije travèse pou trase chimen pou sa ki pi devan yo, nou pibliye dezyèm pati atik Dr. Shanna Jean-Baptiste la sou *La femme de demain*, yon liv Jean Price-Mars te ekri. Se yon plezi pou nou, pou nou konkli nimewo sa avèk yon tèks Wyddiane Prophet ekri pou rann antwopològ Suzanne Comhair-Sylvain, yon fanm ki te travèse epi abite sou plizyè fwontyè, omaj. Nou pibliye teks sa a avèk rekonesans ak gratitid pou travay Suzanne Comhair-Sylvain, e pou nou asime responsabilite nou antan ke feminis ayisyen, pou nou goumen kont envizibilite fanm ayisyen nan lavi kotidyen nan eritaj yo antan ke entelektyèl, atis, militan oswa fanm edike.

Nouvo nimewo sa se yon angajman feminis pou devwa pwojè ideyolojik nasyon Ayisyen an pote: libète, jistis, egalite.

Nègès Mawon

This second issue of *Alaso*, focuses on the non/border as a space of transformation, which, far from being located at the margins, constitutes the epicenter of the social and political sphere, organizing the meaning attached to relations of power and domination, the rewards for those who maintain these non/borders, and the punitive mechanisms for those who abolish/cross them. Within these pages, we would like to offer a number of feminist perspectives on borders/non/borders. We open this issue with those who have crossed several borders only to be pushed back into Haitian ones, interviewing a 25-year-old woman who was deported from the United States in 2021. "What do borders do to bodies?" is the question writer Edwidge Danticat explores in her essay "To live, just not here–but what do we bring when we go there?" Playwright and actress Gaëlle Bien-Aimé, Dr. Nathalie Batraville and editor Fania Noël explore the art of rebuilding with what remains, what is lost and what is given. One can cross a border, as well as inhabit it. Director Gessica Généus and photographer Keylah Mellon offer us reflexive looks at craft, identity, and their reception from those outside Haiti.

And because there is a border that we will all have to cross, leaving our mark for others to find, this second issue features the second part of Dr. Shanna Jean-Baptiste's essay on Jean Price-Mars's "La femme de demain" ("The Woman of Tomorrow"). We are pleased to close this issue with Wyddiane Prophète's tribute essay to the illustrious anthropologist Suzanne Comhair-Sylvain who crossed and inhabited several borders. We publish it in recognition and gratitude for her work, and in embracing our responsibility as Haitian feminists to push back against the daily invisibilization of Haitian women and their legacies as intellectuals, artists, activists or literary figures.

This new issue renews our feminist commitment to the imperatives of the ideological project foundational to the Haitian nation: freedom, justice, and equality.

Nègès Mawon

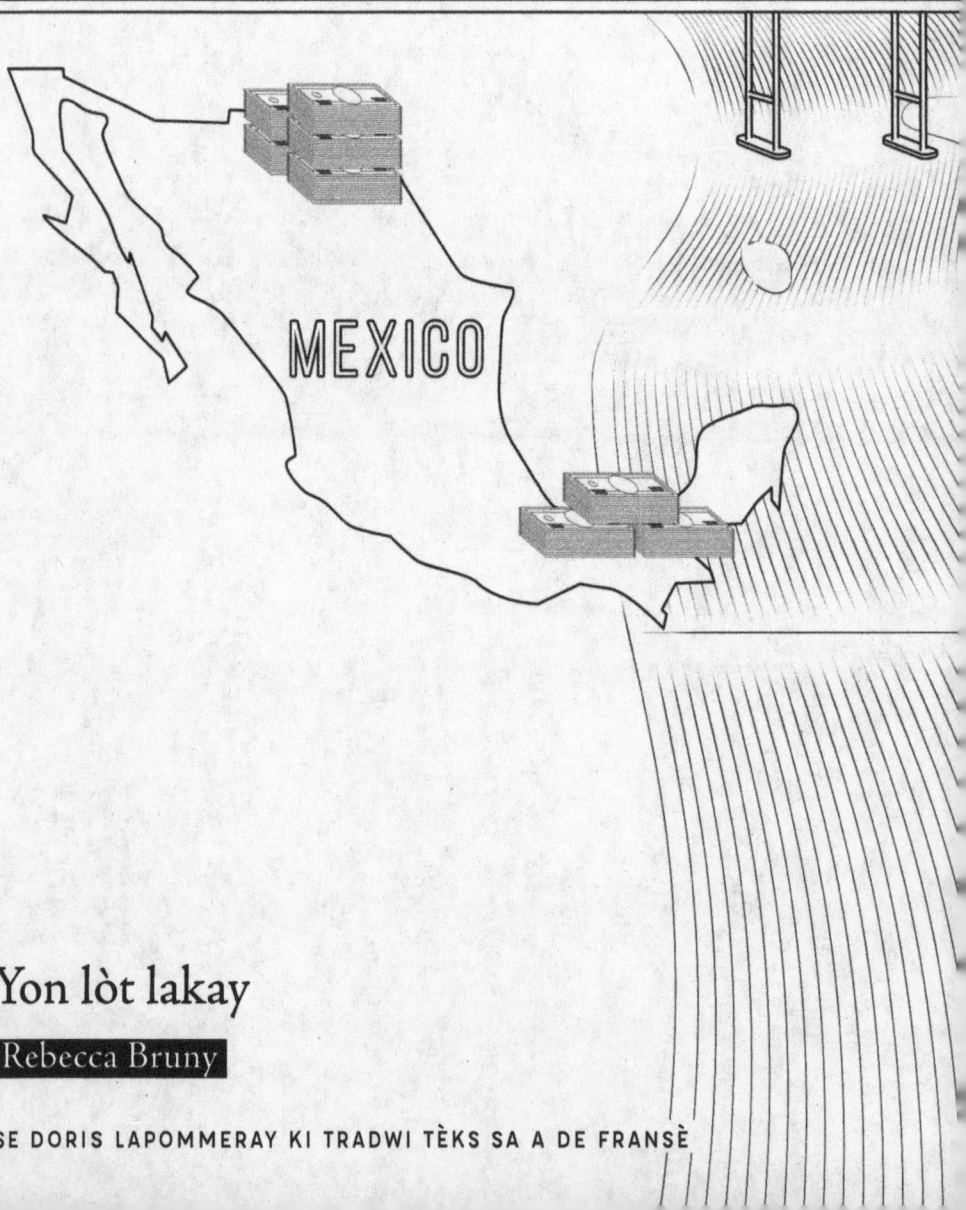

Yon lòt lakay

Rebecca Bruny

SE DORIS LAPOMMERAY KI TRADWI TÈKS SA A DE FRANSÈ

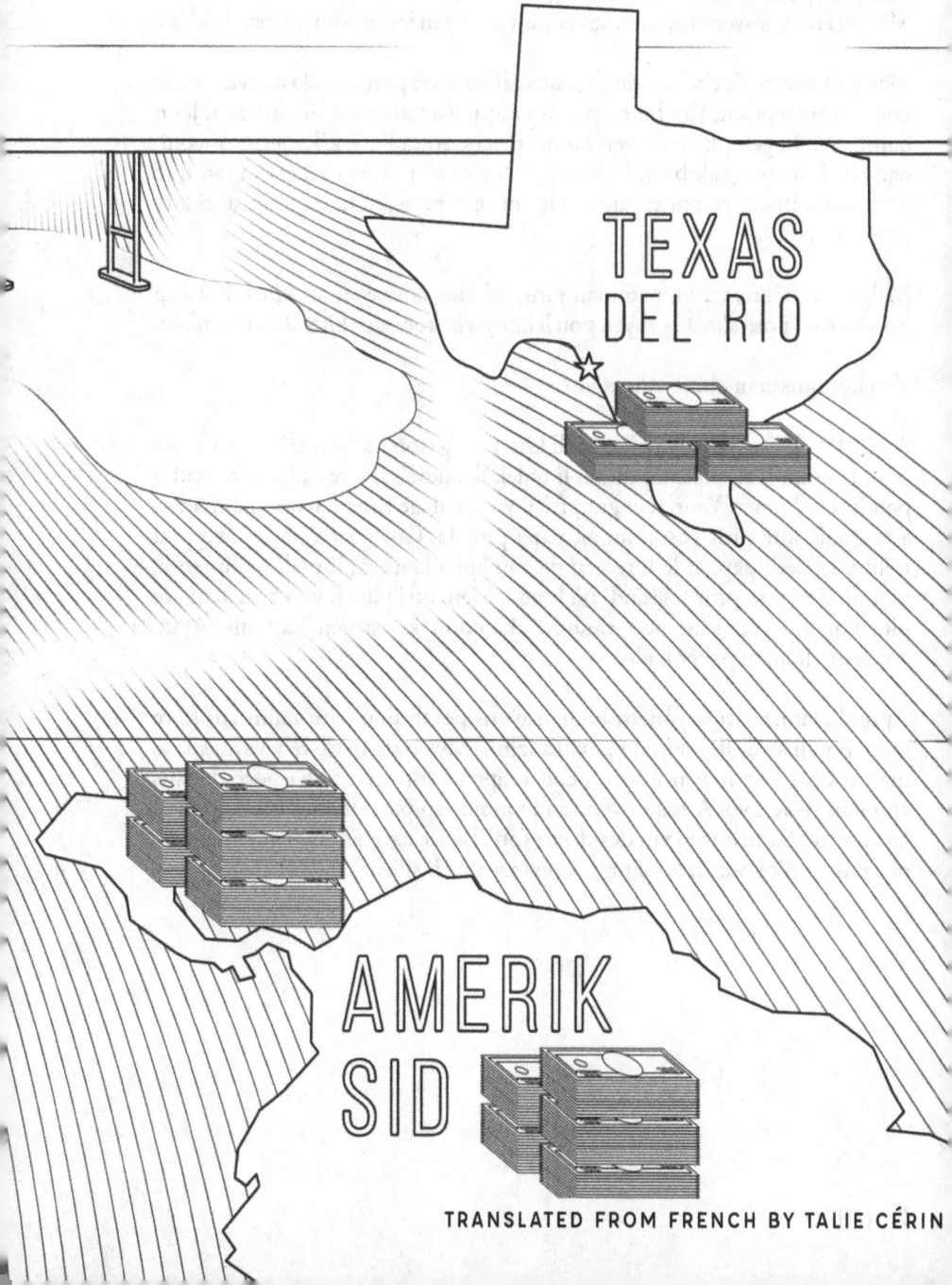

Another Home

Rebecca Bruny

TEXAS
DEL RIO

AMERIK
SID

TRANSLATED FROM FRENCH BY TALIE CÉRIN

"Viv ann Ayiti pa pou mwen" Bélice lage konsa. Jenn fanm lan fè pati plis pase mil Ayisyen gouvènman Ameriken an mete deyò nan mwa septanm lan. Manman ti gason twa lanne sa a, ki gen 25 lannse li menm e ki se moun Gwo Mòn, sèl motivasyon li genyen se rèv pou li viv yon lavi miyò nan peyi Etazini.

Marie Dezeline Bélice deside fè tout sa li konnen pou rèv sila a reyalize. Se konsa li antreprann yon lòt etap nan vwayaj li a nan mwa jen ane sa a. Jenn fanm sa a ki gen plis pase ven lanne, mache sou plizyè kilomèt sou wout, nan rivyè ak gwo rak bwa. Jodi a, olye li rive sou tè Ameriken an jan li te prevwa sa, Bélice retounen ann Ayiti, pi razè pase jan li te ye anvan li kite peyi a an 2019.

Malgre sa, Bélice, fanm, manman pitit, pa kite sitiyasyon an kraze li. Li ap panse a tout posibilite ki genyen pou li kite Ayiti kote ensekirte a ap vale teren.

Yon kòmansman chaje ezitasyon

An 2019, Bélice pati al viv Brezil, li kite pitit gason l ki gen trèz mwa dèyè. S on timoun li te ansent pandan li te lèkòl. Akòz sa, li te oblije kite etid li pou li al fè kòmès. Youn nan gran frè li yo ede li ale Brezil. Jenn manman sa a te oblije kite pitit gason an ak papa pitit la. Chwa sa a pa te fasil pou Bélice. Li pèdi papa li lè li te gen de zan epi a kenz an li pèdi manman li, kidonk li ta pito pitit li grandi bò kote l. Men, ofri pitit li yon bon avni epi pita konstui yon sant pou timoun ak moun ki pa gen kay ann Ayiti, konvenk li mare pakèt li ale.

Apre de lanne, sitiyasyon an kòmanse ensipòtab pou jenn fanm lan ki te tante pou li vwayaje rive nan peyi Etazini. "Mwen pa te vle fè vwayaj sila a. men ti kras kòb mwen t ap touche a, apenn si mwen te ka peye depans enpòtan mwen yo. A fòs mwen tande moun ap pale de kite Brezil pou al kay tonton Sam, mwen vin deside ale tou". Bélice ak gran frè li, mennaj li ak plis pase senk kouzen kouzin li, kòmanse mach sila a.

"Living in Haiti is not for me," says Bélice. The young woman is one of thousands of Haitians expelled by the US government in September. At 25, this native of Gros-Morne, mother of a three-year-old boy, is motivated by the dream of a better life in the United States.

Determined to make this happen at all costs, Marie Dezeline Bélice embarked on a new stage of her journey in June of this year. For one month, on roads, rivers and also in the jungle, this twenty-something-year-old woman traveled thousands of kilometers. Yet today, instead of ending up on American soil as planned, Bélice finds herself in Haiti again, poorer than when she left the country in 2019.

However, Bélice, woman and mother, does not let herself be defeated. She thinks only of the possibilities of once again leaving this Haiti where insecurity reigns.

Un hesitant start

In 2019, Bélice moved to Brazil, leaving behind her 13 month-old son, conceived while she was still in high school. Because of this pregnancy, she had to give up her studies to start a small business. One of her older brothers helped her get to Brazil and the young mother had to entrust her son with his father. This choice was not easy for Bélice. She lost her father when she was only two years old, and her mother at fifteen, so she had wished for her son to grow up close to her. But wanting to offer him a bright future, and planning to later open a center for children and the homeless in Haiti, she finally decided to pack her bags.

However, after two years in Brazil, the situation became unbearable for the young woman who had let herself be tempted by the idea of traveling to the United States. "I didn't want to make the long journey, but the little I was earning barely allowed me to pay the bills. After hearing people talk about leaving Brazil to go to Uncle Sam's, I decided to leave too." Along with her older brother who lived in the town of Catalina, her boyfriend, and five other cousins, Bélice began her trek.

Kòmansman yon peripesi byen long

"Nou kite Brezil 18 jen. Preske yon mwa apre, kidonk 17 jiyè, nou rive Meksik".

Gwoup ki te gen uit moun lan travèse yon dizèn peyi. "Bolivi, Pewou, Ekwatè, Kolonbi, Panama, Kostarika, Nikaragwa, Ondiras, Gwatemala…" Bélice sonje chak grenn peyi sa yo.

Kolonbi pa egzanp nan gwo rak bwa Daryenn lan gwoup li a mache pandan kat jou pou rive Panama. "Erezman, nou pa te kwaze ak ni vòlè, ni kadav", tifi Latibonit la kontan di. Men malgre sa, travèse gwo rezèv ekolojik ki pa gen okenn wout trase ladann, te yon vre defi.

Gwo dlo larivyè, labou ki anpeche yo vanse, pikan ki te ap blese pye ak men yo… Malgre tout mizè ak refleksyon ki te anvayi lespri li, Bélice pa janm panse kraze kite sa.

"Nan wout la, nou t ap pataje pwojè nou ta renmen reyalize lè nou rive Etazini…se sa ki pèmèt nou kenbe pandan tout chimen an".

Reyalite difisil

18 septanm, Bélice rive Dèl Riyo Tekzas, kote yon pil ak yon pakèt moun ki migran te gentan rive anvan li. Li tèlman sezi, li di li tou rann li kont tousuit rèv Ameriken li an ta pral tann yon moman anvan li reyalize.

Tout je mond lan te brake anba pon sa a. Otorite Ameriken yo te ranfòse sekirite fwontyè yo a, e depi nan demen, lo depòtasyon yo te deja kòmanse. Pwosedi yo mete an plas la te oblije yo separe gason ak fanm ki pa te marye. "Kòm mwen pa te rantre nan kritè sa yo, mwen te oblije separe ak mennaj mwen an, frè m ak kouzen mwen yo. Yo mete yo nan prizon e jouk kounye a yo la toujou".

The start of a long journey

"We left Brazil on June 18th. Almost one month later, on July 17th, we arrived in Mexico".

The group of eight people crossed ten countries. "Bolivia, Peru, Ecuador, Colombia, Panama, Costa Rica, Nicaragua, Honduras, Guatemala," Bélice recalls each of them.

In the Darien Jungle of Colombia, for example, the group walked for four days to reach Panama. "Luckily, we did not encounter any thieves or corpses," said the woman from the Artibonite department. Despite this, crossing such a vast natural reserve without any marked paths proved to be a real challenge.

There were rivers with powerful currents, mud that practically immobilized them, thorns that stung their feet and hands, but in spite of all these obstacles and all the thoughts that came to her mind, Bélice never thought of giving up.

"Along the way, we shared the projects that we would like to pursue once we arrived in the United States. That's what kept us going the whole way."

Harsh reality

On September 18th, Bélice finally arrived in Del Rio, Texas, where thousands of migrants had already arrived before her. She was shocked at the sight, and immediately understood that her American dream would have to wait a little longer before coming true.

The whole world was watching what was happening under this bridge. The American authorities had tightened border security and by the next day, the waves of deportations had already begun. The process required separating unmarried men and women. "Because of this criteria, I was separated from my boyfriend, my brother and my cousins who were taken to a detention center and are still there," she said.

Senk jou apre li rive, Marie Dezeline Bélice te anba pon an toujou. Apre tout move kondisyon jeneral tout konpatriyòt Ayisyen nou yo sibi, Bélice presize pa te gen okenn konsiderasyon pou fanm ansent oubyen fanm ki te ak timoun.

Mèkredi sa a, yo chwazi jenn manman an pami moun yo t a pral retire anba pon an. Yo mete li nan yon bis, epi mennen li nan yon selil kote li te ye ak plizyè lòt fanm.

"Yo ba nou manje ti bonbon" Bélice enfòme n ak anpil emosyon nan vwa li. "Nou te konn dòmi atè a menm. nou te gen chwa ant kouvri ak yon moso twal ki fen anpil yo te ba nou kòm dra, oubyen kouche sou l atè ai. Gen lòt ki pann tèt yo ak li".

Retounen a zewo

Lè fanm ki te deside viv yo sòti nan selil la, se menòt yo ba yo. "mwen te panse yo t ap ba nou chans pou yo tande sa nou gen pou di. Anyen menm. Yo mete chenn nan pye nou, menòt nan ponyèt nou epi lage n nan yon avyon".

Apre yo fin mete li deyò, Marie Dezeline Bélice tounen al viv kay fanmi li Gwo Mòn. Kòm li te envesti tout sa li te posede nan vwayaj sa a ki echwe a, jenn fanm lan ap konte sou moun pwòch li pou li siviv epi kanpe sou de pye li… Men sa pa anpeche l reve kite peyi a. Li deja prevwa tounen Brezil. "Paske objektif mwen se pou m reyisi. Mwen p ap kanpe", dapre sa li di.

Five days after her arrival, Marie Dezeline Bélice was still under the bridge. In addition to the brutality she and her Haitian peers experienced, Bélice underlines the fact that no real accommodations were made for pregnant women or people with children.

That Wednesday, the young mother was selected among those who were being removed from the bridge overpass. She was placed on a bus, then taken to a cell where she was locked up with several other women.

"We were fed cookies," Bélice continued, her voice filled with emotion. "We lied on the floor. We were given an extremely thin cloth, and had the choice of either covering ourselves with it or lying on it. Others made the decision to hang themselves with it."

Back at square one

When the women who decided to live were finally taken out of their cells, handcuffs awaited them. "I thought they would give us the chance to be heard, but nothing. They put shackles on our feet, handcuffs on our wrists, and put us on a plane."

Deported, Marie Dezeline Bélice returned to live in her family home in Gros-Morne. Having invested everything into this failed trip, the young woman is counting on those close to her to survive and recover. But that does not prevent her from continuing to dream of leaving. She is already planning to return to Brazil. "My goal is to succeed. I'm not going to stop," she says.

Teyat

Pwezi jouk mwen bout (ekstrè)

Monològ

Gaelle Bien-Aimé

Theater

Poetry until the end of me (excerpt)

Monologue

Gaelle Bien-Aimé

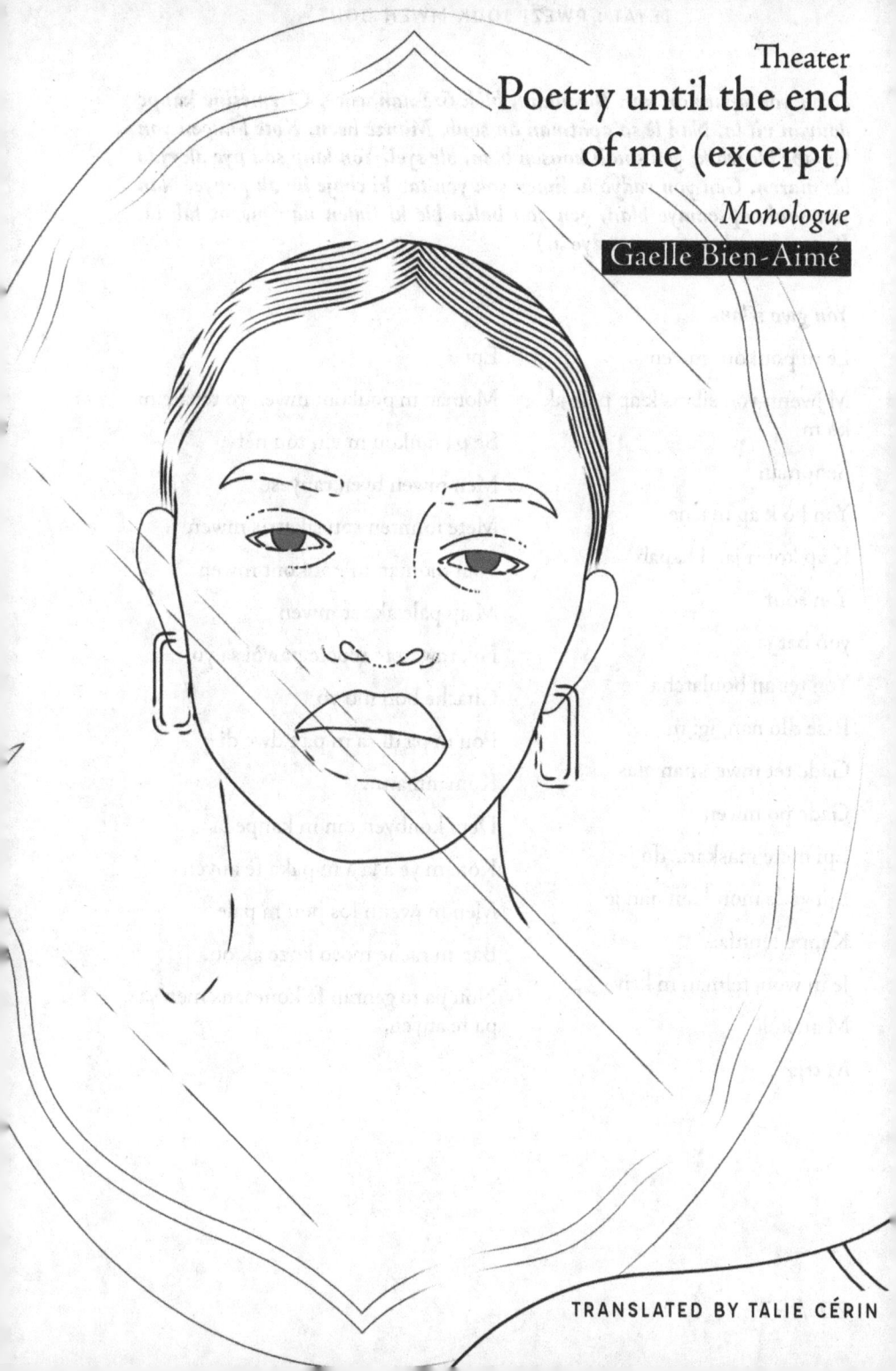

TRANSLATED BY TALIE CÉRIN

(Nan yon apatman nan Bwouklin, blòk 6zè nan aswè, Clermesine kanpe douvan vit la. Nan lè sa apatman an sonb. Manzè lwen. Kote l la gen yon kanape ble wa ki gen sou li kousen blan, ble syèl. Yon lanp sou pye ak rido ble maren. Gen yon radyo ki limen sou yon tab ki chaje ak liv ak papye. Nan yon soukoup emaye blan, gen yon balèn ble ki limen nan pwent tab la. Britsoukou, li al fèmen radyo a.)

Yon gwo silans

Lè m poukont mwèn

M jwenn yon silans k ap pale ak kò m

Senpman

Yon kò k ap mache

K ap kouri jan l kapab

Yon souf

yon bat je

Yon tèt an boulatcha

Pase dlo nan figi m

Gade tèt mwen nan glas

Gade po mwen

Epi mete maskara, do je

Epi gade mond lan nan je

Kanpe tennfas

Je m wouj tèlman m kriye

M an kòlè

M tris

Epi

Moman m poukont mwen yo repare m

Se pa tankou m vin tou nèf

Men mwen byen rapyese

Mete fonnten sou sikatris mwen

Nan moman m poukont mwen

M ap pale ak tèt mwen

Fòk mwen te repete pawòl sa yo

Chache bon mo yo

Pou m pa di sa m pa t dwe di

Komanman...

Depi konbyen tan m kanpe la

Kote m ye a la a m paka fè anyen

Men m jwenn fòs pou m pale

Ban m rache moso koze ak ou.

Nou pa te gentan fè konesans men sa pa fè anyen.

In a Brooklyn apartment, around 6 in the evening, Clementine stands in front of a window. The apartment is somber at this time. She is lost in her thoughts. Beside her is a royal blue couch with white and light blue cushions and dark blue curtains. There is a radio playing on a table full of books and papers. There is a blue candle lit at the edge of the table, sitting on a small white plate. Suddenly, she turns off the radio.

A long silence

When I am alone

I find a silence that speaks to my body

Simply

A body that is functioning

Functioning the way it can

One breath

One blink

A head in turmoil

I rinse my face

Stare at my reflection in the mirror

Stare at my skin

And apply mascara, eye shadow

And look the world in the eye

Stand unwavering

Eyes red from crying

I am angry

I am sad

and

These moments alone repair me

I don't become brand new

But I am pieced back together

Place concealer on my scars

In my solitude

I am speaking to myself

I must repeat these words

Find the right things to say

To keep from saying what I shouldn't

Ko manman…

How long have I been here?

I can't do anything from where I am

But I find strength to speak

Let's talk for a while

We haven't had a chance to meet, but that doesn't matter

Tande. M konn non w paske mwen li li nan jounal e mwen te tande manman w k ap kriye nan radyo. M pa konn non tout moun fòs fènwa vil sa a antere, men m konnen yo anpil, yo jenn, yo inosan. Epi te gen mennaj ou a tou ki pase nan menm radyo sa a nan demen. Li di li p ap ka viv san ou, li pare pou l pran plas ou, pou l pase mizè nan plas ou, ret tann fanmi jwenn lajan pou bay moun ki vòlè w yo. Mwen te twouve sa womantik epi estipid an menm tan, epi m rete ap eseye imajine ki modèl relasyon ou te gen ak misye.epi m te tonbe ap imajine ki modèl relasyon ou te gen avèk misye. Eske nou te damou ? M konnen li te fakilte dèsyans pandan ou menm ou te nan senkyèm ane fakilte medsin. Kijan nou te jere tan an ? Paske nou tou de te okipe. Kijan ou te konn jwe kwen pou al jwenn li ? Èske nou te konn mache kòtakòt, desann ri Sentonore nan aprèmidi pou al nan estasyon bis ? Ou te konn dòmi ak misye lè w te konn jwenn okazyon ? Eske w te konn bay manman w manti pou w kite lannuit bare w bò kote jennòm sa a? M konnen manman w se sè legliz, li pa t ap janm aksepte moman entimite sa yo, se fònikasyon, se peche. Mwen konnen manman w mache legliz paske lè l te pase nan radyo a pou l te mande ravisè yo gras, li te pwomèt yo an retou, benediksyon granmèt la si yo libere w.

(Silans)

Eske mennaj la te konn fè w ri ? Di m byen ! Paske yon nèg ki pa blagè se tankou yon gato sèk, li koupe grangou an ak tout anvi manje gato a. Pale avè m ! Eske w te konn fè l ri ou menm ? Mwen imajine w ak blouz blanch ou k ap griyen dan w byen fò pandan w ap monte ri Maglwa Anbwaz ak zanmi w yo, tèt ou lejè, ou wòklò. Manman w te gentan kontan w ap fè bèl nòt, ou gen pou w vin gwo doktè, antouka se sa li di nan radyo a pandan l ap kriye. Men ou menm pandan tan sa ou t ap bouske lòt mèvèy lavi kache. Eske se te lannuit san bout ki te ba w kote pou y yaya kò w, danse ? Ou renmen danse ? Mwen m renmen sa anpil. Pou mwen kò a gen leksik li e danse se yon powèm ki gen trip. M danse anpil, m danse souvan, pou m voye laperèz ale, pou m voye rele lespri m yo. M danse anpil pou m sa kanpe.

(Silans)

Yo vòlè w yon vandredi apremidi pandan solèy la t ap krab kò l, ou t ap soti nan restoran kote m t ap bay yon resital pwezi. Ou renmen pwezi ? Anpil ? Jou k tan ou rive travèse vil la pou ou vin koute yon powèm m te apenn kòmanse, yon powèm an chantye, frajil. Jou sa a menaj ou a pa t avèk ou. Misye di sa plizyè fwa nan radyo a tankou yon repwòch, kòmkwa si li te avèk ou li t ap pwoteje w. Men ou menm ou te poukont ou, nan mitan moun yo, ou te chita anfas mwen. Ou te swaf mo-konprès pou mete sou kè

Listen. I know your name because I've read it in the newspaper, and I heard your mother crying on the radio. I don't know the name of every person this city's darkness has buried, but I know that they are many. They are young, they are innocent. There was also your boyfriend who spoke on that same radio station the next day. He said he will not be able to live without you, that he is ready to take your place, to suffer in your place while your family searches to find money to pay the ransom to your kidnappers. I found it romantic and stupid at the same time, and then I tried to imagine what kind of relationship you must have had with him. Were you in love? I know he was a student at the Faculty of Science while you were in your 5th year in the School of Medicine. How did you two manage to find time in your busy schedules for each other? Ki jan ou te konn jwe kwen pou al jwenn li? Did the two of you used to stroll side by side down Sentonore Street to get to the bus station? Did you sleep over at his place when you had the chance? Did you used to lie to your mom when you were out past dark with this young man? I know your mother is a churchgoer, she would have never accepted those moments of intimacy, of fornication, of sin. I know your mother is a churchgoer because when she spoke on the radio to ask mercy from your abductors, she promised that in return the Lord would bless them if they liberated you.

(*Silence*)

Did your boyfriend make you laugh? Tell me! Because a funny man is like a slice of cake, it satisfies your hunger and your desire to eat it. Talk to me! Did you make him laugh? I imagine you in your lab coat laughing as you walk up Maglwa Anbwaz Street with your friends, carefree and stubborn. Your mother was already pleased with your good grades, you were going to become a doctor. At least that's what she said while crying on the radio. Meanwhile, you were out there seeking other hidden pleasures life has to offer. Did the endless nights offer you space to let loose and dance? Do you like to dance? I absolutely love to dance. To me, the body has its own lexicon and dancing is a poem with flesh. I dance a lot, I dance often, to ward off fear, to conjure spirits. I dance often so that I can continue to stand.

(*Silence*)

They stole you on a Friday afternoon while the sun was getting ready to set, you were leaving a restaurant where I was performing a poetry recital. Do you like poetry? Do you like it a lot? To the point where you crossed town to listen to a poem that I had only started writing, a poem that was still a work in progress, still fragile. Your boyfriend was not with you that day. He said that many times on the radio like an accusation, as though if he were with you, he

disparèt. M panse anpil ak ou nègès, ak misye tou, ak powèm lanmou sa a

(Silans)

« Mwen renmen w an stereyo

 Ke lemonn konsa

Nòt lanmou

Papye kole

Vwa w sou po kò

Dousè an myèt mòso

Depi pwezi w sou eskonbrit

Li tonbe pale de tete m

Li layite kò l nan je m

Nan nannan mwen

Li kole sou po m

E m ba l tout dlo tyèd nan kò m »

(Silans)

Sa fè kèk jou m kanpe la a. Koze nan tèt mwen, lou kou pwa senkant, ralanti tout jès mwen. m ap gade m ki ap mache, m ap gade gòdèt kafe a, m ap gade m tankou m ta ka founi je gade yon rat ki pyeje.

Yon powetès egzile

Yon militan fatige

Deplase

Efase.

ale fè wout ou. Ou chwazi kijan ak kibò w prale. Ou chwazi diyite. M pa konn sa w genyen, m pa konn sa w te genyen nonplis. Pyès moun p ap konnen. Mwen wè w gran nan tèt mwen, mwen imajine w mètrès bèl fanm, mwen imajine w pote laviktwa. An granmoun ou mete tèt ou nan plas verite w.

Ou mache al jwenn moun ou ye a.

Boutofen

Ou konte

Dis

Vennde jou

Kite mele w

Ou pa t kalkile, se nou menm ki t ap konte.

Dis jou apre yo te fin remèt ou bay fanmi w, apre yo fin peye lajan pou lage w

Ou menm ou te gentan mete tèt ou lòt kote, w al lave kò w nan bon dlo, w ale, ou kenbe tche wòb ou, ou travèse. Ou pase nan mitan pil pawòl men w pa tande. Ou pati lontan, ou met kò w deyò pou w ale tann nou, Nègès. Nou tout. M pa sispann imajine w k ap pase.

Lib

Vivan.

people, sitting right in front of me. You were thirsty for words to place on your 23-year-old heart. Seated right in front of me, searching for beauty in a disappearing city. I think about you often, *Nègès*. I think about him too, and about that love poem I had casually written on a random piece of paper.

(Silence)

« I love you in stereo

Ke lemonn konsa

Love letters

Stacks of paper

Your voice on skin

Sweetness in scattered pieces

Whenever your poetry is scandalous

It speaks of my breasts

It makes itself at home in my eyes

In my flesh

It sticks to my skin

And I give it all the warm water in my body"

(Silence)

I have been standing for a few days now. The thoughts in my head weigh 50 pounds, slowing down my every move. I watch myself walking, I look at the cup of coffee, I am looking at myself the same way I'd squint to look at a trapped mouse.

An exiled poet

A tired militant

Displaced

Erased

chose how and where you were going. You chose dignity. I don't know what you had or what you have. No one will ever know. I see you larger than life in my head, I imagine you mistress, beautiful woman, I imagine you victorious. Self determined, you placed yourself in your truth.

You walked to go find the person that you are.

Boutofen

You counted

Ten

22 days

What was it to you?

You weren't counting, we were the ones counting.

Ten days after they returned you to your family, after they paid the ransom for your release

Your mind was already elsewhere. You washed your body in good water, you held the hem of your dress, and you crossed over. You crossed in the middle of countless words, but you heard nothing. You had left long ago, you exited your body to go wait for us, *Nègès*. All of us. I will never cease to imagine you passing by.

Free

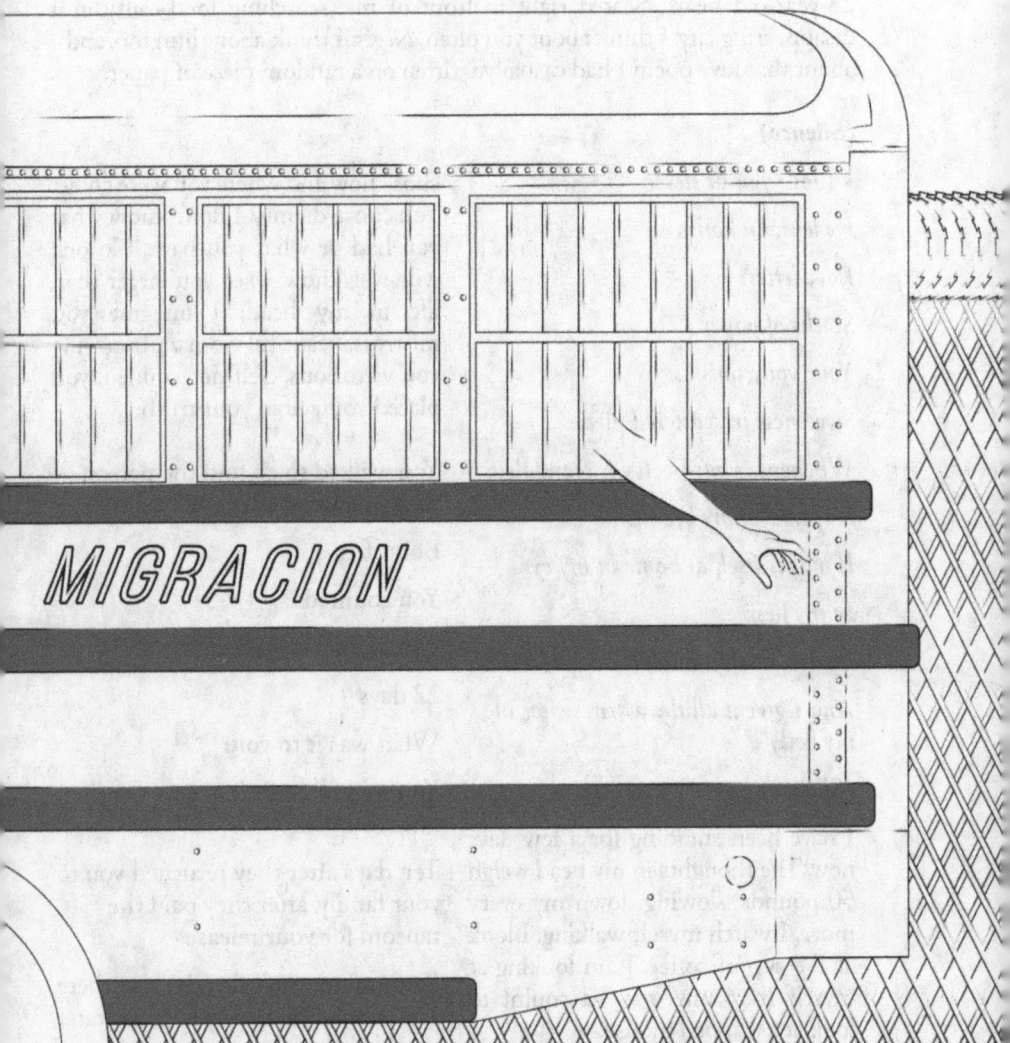

MIGRACION

Lè Kò Tounen Fwontyè

Edwidge Danticat

SE TALIE CÉRIN KI TRADWI TÈKS SA A DE ANGLÈ

Body as borders
Edwidge Danticat

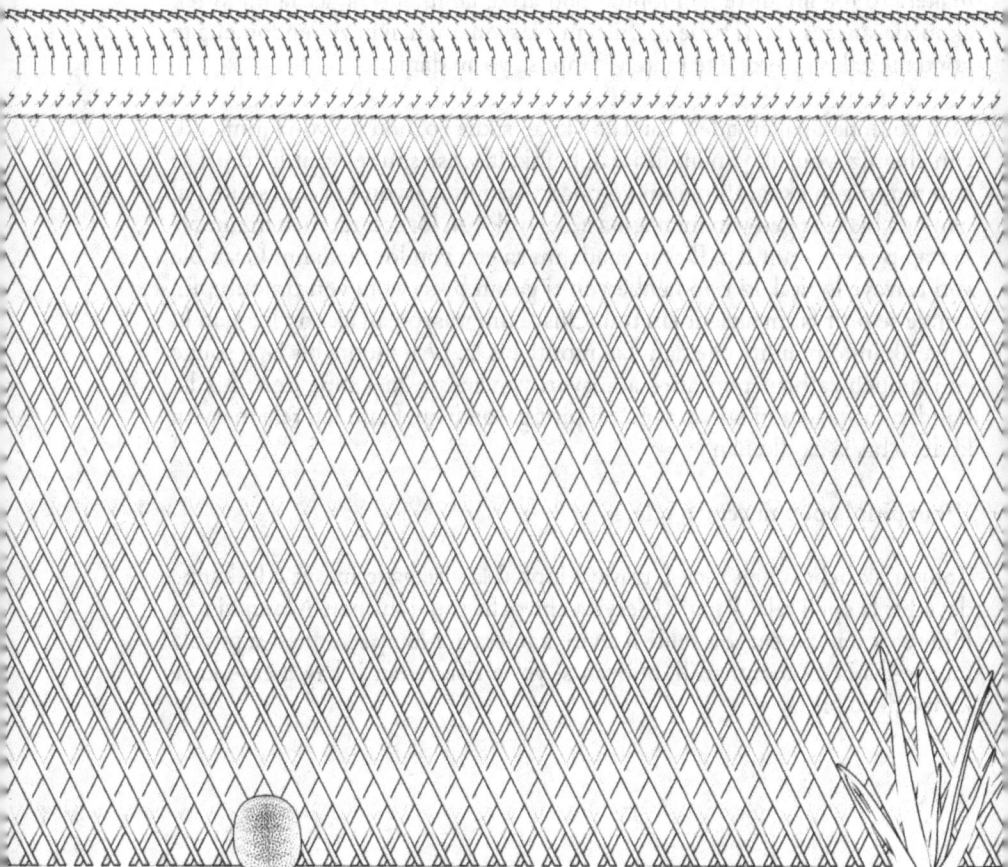

Nan mwa novanm 2021, Minis Enteryè dominiken an, Jesus Antonio Vásquez, anonse ke peyi a pral verifye estati imigrasyon tout etranje, epi ke peyi Sendomeng pral kòmanse anpeche Ayisyen ki pa gen papye ale chache sèvis nan lopital piblik. Pa twò lontan aprè sa, ofisye imigrasyon Dominiken yo kòmanse rasanble Ayisyen. Yo ranmase chofè moto, bòs mason, moun ki te lakay yo, moun sou transpò piblik, ak moun ki t ap fè makèt. Yo menm antre nan lopital pou arete fanm ansent, ak fanm ki fèk akouche, ansanm ak ti bebe yo. Sistèm Nasyonzini nan peyi Sendomeng te kondane zak sa paske li te mete vi fanm sa yo an danje.

Nan youn nan pakèt video YouTube ki ap sikile yo, nou wè yon fanm avèk yon chemiz wouj ak yon jip fonse. Chemiz la wose sou tèt vant li kòmsi se nan mitan yon ekografi menm yo rale l. Ajan imigasyon ki t ap eskòte l al nan nan bis la te gen yon men anba zesèl li ak yon lòt sou tèt men manmzèl ki t ap pwoteje vant li a. Devan madanm sa gen yon lòt madanm ki sanble yon travayè lopital, ki t ap kenbe yon ti gason byen won, yon timoun piti, sanble se pitit fanm ansent lan tou. Ofisye imigrasyon an ak yon lòt ajan ki abiye ak inifòm militè ede dam lan monte bis la. Lè li monte bis la, li souke yon mouchwa blan pou atire atansyon yon mesye ki kanpe deyò bis la. Pandan lòt madanm lan ap remèt li pitit gason li an, fanm lan rele mesye a ki deyò bis la ak dlo nan je.

"Pran pitit la pou mwen," li rele.

Toujou ak bebe a nan men l, travayè lopital la vire gade mesye a ki kanpe deyò bis la epi li rele "Papa?". Mesye a apwoche tou dousman. Moun ki t ap filme sa k t ap pase a sou selilè li a vire kamera a. Nou pa konnen si pitit la monte bis la ak manman li, oubyen si yo te rive remèt li bay mesye ki te kanpe dèyò bis la.

In November 2021, Dominican Interior Minister, Jesus Antonio Vásquez, announced that the country would be reviewing the immigration status of foreigners and that the Dominican Republic would limit undocumented Haitians' access to their public hospitals. Soon after, Dominican immigration officials began rounding up Haitians. They picked up moped drivers, construction workers, people at home, on public transportation, and some while shopping at supermarkets. They even went into maternity wards to seize pregnant women and women who had recently given birth, along with their infants. The United Nations System in the Dominican Republic condemned this act which jeopardized the lives of these women.

In one of many Youtube videos circulating online, you can see a woman wearing a red blouse and dark skirt. Her blouse is still raised over her protruding belly as though she had been pulled off a hospital bed while getting an ultrasound during a prenatal care visit. The immigration officer escorting her to the bus has one hand under her armpit and another over the hand she's using to cradle her bare belly. Ahead of the woman is another woman, who appears to be a hospital worker, carrying a chubby baby boy, apparently the child of the pregnant woman in the red blouse. The pregnant woman is helped up the bus steps by the immigration officer and another officer dressed in military fatigues. Once she reaches the bus landing, she waves a white handkerchief to catch the attention of a man outside the bus. As the other woman tries to hand her the baby boy, she calls out to a man outside while sobbing.

"Pran pitit la pou mwen," she cries. *Take the baby for me.*

Still holding the baby aloft, the hospital worker turns to the man outside the bus and calls out, "Papa?". The man moves forward hesitantly. The person filming this on a cell phone turns the camera away. We do not know whether the child goes into the bus with the mother or whether he is turned over to the man outside the bus.

Many Dominican administrations and politicians have used Haitians as

Anpil rejim ak politisyen Domoiniken itilize ayisyen kòm bouk emisè ak boul politik pou retire atansyon sou pwobèm domestik yo, men sa gen lontan depi yo pa fè yon operasyon bosal e manchlong konsa. Operasyon sa vini aprè sasinay 7 jiyè prezidan Ayisyen an, yon tranblemanntè ki fèt 14 dawout, yon gwo vag Ayisyen ki soti nan amerik sant ak sid pou rive nan fwontyè Etazini/ Meksik nan mwa Oktòb la, ak yon gwo vag kidnaping, ki ten gen ladann kidnaping 17 misyonè Ameriken an Kanadyen nan men gang 400 Mawozo.

Nan vil bò fwontyè ki rele Dajabón, pandan li t ap inogire youn nan karant nouvo biwo pou anrejistre imigran nan peyi Sendomeng, Minis Enteryè Vásquez, di, "Nou paka kontinye viv nan yon peyi tankou kabrit san lwa, sa vle di, Sendomeng paka kontinye ak sitwayen Ayisyen ki ap viv nan peyi nou ke nou pa menm ka kontwole," daprè sa piblikasyon Dominican Today rapòte.

Vásquez fè diskou sa nan menm vil kote diktatè Rafael Trujillo te bay yon diskou ki bay frison sa gen 86 lane, anvan li te kòmande yon masak kote plizyè milye Ayisyen ak Dominiken nwa te pèdi lavi yo. Nan diskou sa, Trujillo te di : "pa gen okenn santiman mounite, ni rezon politik, ni sikonstans ki ka fòse nou fenmen je sou migrasyon Ayisyen. Nou pa vle kalite migrasyon sa…mwen pral ranje sa."

Kontwole migrasyon atravè kò fanm—trete kò moun tankou fwontyè, trete repwodiksyon tankou yon menas—pa nouvo. Men avèk nouvo teknoloji, li pi difisil pou sa fèt nan mitan lannuit, e li pi difisil pou kenbe zak pou ranfòse sa an sekrè. Kolon te konn fòse fanm nwa fè pitit lè sa te nan avantaj yo pou pwodui plis travay san peye nan tan esklavaj tout kote nan Karayib la, nan peyi Amerik yo ak Ozetazini. Nan lagè pou detwi ras (jenosid), asasen fè kadèjak sou fanm pou fòse yo fè pitit ki pral sanble ak kadèjakè yo. Lè yo pouse manman ki ap vwayaje yo, yo pouse ti bebe refije "endezirab" yo, sa ki ap vwayaje anndan vant manman yo, oswa nan bra yo, oswa mare sou do yo ansanm avèk yo. Oubyen, yo ka fòse paran yo deside si li pi pridan pou yo jis tounen nan peyi kote yo vle depòte yo a, yon peyi pitit yo pa menm konnen, se sa ki ka anpil fanmi imigran ak estati imigrasyon melanje Ozetazini.

scapegoats and political footballs before, often to distract from their domestic problems. But this was the most extensive and aggressive operation in recent history, following the July 7th assassination of Haiti's president, an August 14th earthquake, and an influx of Haitians who'd been living in Central and South America to the US/Mexico border in October, as well as a spike in kidnappings, including that of 17 American and Canadian missionaries by the 400 Mawozo gang.

While in the border town of Dajabón, inaugurating one of forty new "foreign registration" offices throughout the country, Interior Minister Vásquez, as reported by the English language publication *Dominican Today* said: "We cannot continue living in a country like goats without law, that is, the Dominican Republic cannot continue with Haitian citizens who live in our country and whom we do not have any type of control over."

Vásquez made his speech in the same border town where 86 years earlier, on October 2, 1937, the Dominican dictator, Rafael Trujillo, delivered a chilling address right before ordering a massacre that would result in the deaths of thousands of Haitian and Black Dominicans. In this speech, Trujillo said: "There is no feeling of humanity, nor political reason, nor any circumstantial convenience that can force us to look indifferently at Haitian migration. That type is frankly undesirable...I will fix this."

Policing migration via women's bodies—the use of bodies as frontiers, and designating reproduction as a threat—is not new. However, recent technologies make it harder to keep its enforcement a secret. Black women were bred when it was profitable, in order to produce unpaid labor during their enslavement throughout the Caribbean, the Americas, and the United States. In genocidal wars, killers rape women to force them to give birth to babies that look like the killers. "Undesirable" refugee babies, already migrating in their mothers' wombs, or cradled in their arms, or strapped to their backs, are shoved away with them. Or, as in the case of mixed immigration status families in the United States, the parent might be forced to choose whether to return to the home to which they are being deported with their child, a home this child has never known.

Ozetazini, yo rele anpil nan ti bebe migran sa yo *anchor*—tankou lank yon bato—e pafwa pawòl sa s on jouman. Te gen yon lè, fè yon pitit Ozetazini te ka ankre paran yo nan peyi a, epi fè li posib pou paran ti bebe a ak rès fanmi an rete Ozetazini. Se sa ki te rive nan fanmi pa m. Tou swit aprè de (2) ti frè mwen yo te fèt isit, paran m ki pa te gen papye anvan sa te jwenn papye pou yo rete. Se lè sa paran m voye chache mwen menm ak yon lòt frè m ki te Ayiti toujou. Sa se aprè manman m te fè plizyè foskouch lè ajan imigrasyon te konn kenbe l aprè yo te konn fè fouy nan faktori kote li te travay la. Pandan moman detansyon imigrasyon sa yo, yo te kon bay manman m bwè grenn pou kontwole vomisman, manman mwen rete kwè grenn sa yo te konn toufounen ti bebe ki te nan vant li a.

Nan mwa Septanm 2020, Dawn Wooten, yon enfimyè nan sant detansyon nan Georgia rele chalbare sou yon operasyon kote yo t ap retire matris fanm ki pa blan san konsantman yo. Doktè yo nan sant detansyon an te di anpil fanm ke yo te gen gwo mas ak kis sou matris yo ki bezwen retire ann ijans. Se manti yo t ap bay. Aprè yo fin retire matris fanm sa yo, yo depòte medam yo kanmèm. Se kòmsi yo te vle di fanm sa yo, nou vle asire ke menm pitit ou p ap janm tounen nan peyi sa.

Gouvènans Nasyonzini deklare ke anvan lane 2050, plis ke yon ka milya moun pral kouri kite peyi yo pou echape flèv, siklòn, chalè, sechrès, ak dife ki pran nan bwa. Pral gen ase moun ke chanjman klimatik fòse kite lakay yo pou fòme 5èm pi gwo peyi nan mond lan, yon nasyon ki san teritwa, san fwontyè ki ap migre. Tout yon eta paria plen sitwayen lòt peyi p ap vle pran pral rive nan chak fwontyè, epi pi fò peyi pap vle ni akeyi yo alewè resevwa yo. P ap gen okenn baryè, ni miray, ni fwontyè, ni lame ki pral kapab kenbe michan nasyon sa k ap vanse. Plizyè milyon fanmi ak endividi ki pral fè pati nasyon sa ki pral gen ladan li anpil manman, tèlman pral gen manman nan peyi sa—se lagè ki pral pete pou ti resous ki rete yo ki pral fòse yo kouri. Pou fè lagè sa, yo pral itilize kò fanm sa yo, ak kò pitit yo, espesyalman kò pitit fi yo. Nou deja wè kòmansman nasyon rejete sa sou rivaj nan peyi tankou Lagrès, Itali, ak fwontyè Lafrans, Almay, Lapolòy ak Belawous, ansanm ak Ozetazini ak Meksik. Kòmansman peyi a se moun sa yo ki ap vwayaje atravè fwontyè Sendomeng/Ayiti a, pou rive nan Pasaj Mona, Sid ak Sant Amerik, pase pa jeng danjere ki rele Eka Darien an. Menm jan ak moun sa yo, lòt peyi pral rele moun ki pral kouri pi devan yo anvayisè, kòwòt, kriz, ak menas pou sekirite nasyonal. Men nasyon sa pral kontinye migre ap chache libète kont mizè, pandan y ap chache kote pou abrite yo, manje, ak dlo pou bwè. Yo pral kontinye riske lanmò pou nou menm nou ka kontinye gen lavi.

Some of these migrant babies are referred to in the United States, sometimes pejoratively, as anchors. At one point, their being born in the United States *anchored* their parents here and made it possible for their parents and other siblings to stay. This is how it was for my family. As soon as my two younger brothers were born here in the US, my undocumented parents were allowed to stay. My parents then sent for me and another brother in Haiti. This was after my mother had miscarriages while being detained following immigration raids carried out in the factories where she worked. During those immigration detentions, my mother was given pills to control her nausea, pills she believed smothered her fetuses.

In September 2020, Dawn Wooten, a nurse at a Georgia detention center revealed in a whistle-blower complaint that black and brown women in immigration custody in Georgia had hysterectomies performed on them without their consent. Many were told that they had masses and cysts on their uteruses that had to be urgently removed. This was not true. After these hysterectomies, these women were deported anyway. It was as if they were being told, *we want to make sure no child born of you will return here.*

The United Nations' Intergovernmental Organization claims that by 2050, more than a quarter of a billion people fleeing floods, hurricanes, record heat, droughts, and wildfires will be displaced. Climate-displaced people will form the fifth largest country in the world, a migrating nation with no landmass or borders—a pariah state whose unwanted citizens will soon be arriving at every remaining border, and whom few other countries will want to embrace or absorb. No fences, walls, or armies will be able to hold this colossal nation back. Its millions of individuals and families, including mothers, so many mothers, will be escaping the wars being fought over the little that's left, wars that will also traverse their bodies, and their children's bodies, particularly their daughters' bodies. We have already seen this outcast nation's predecessors on the shores of Greece, and Italy, the borders of France, Germany, Poland, and Belarus, as well as the United States and Mexico. They have also traveled across the Haitian-Dominican border, through the Mona Passage, South, and Central America, via the deadly jungle of the Darien Gap. They too will be called invaders, infiltrators, hordes, an ongoing crisis, a national security threat. They will keep migrating in search of freedom from harm, while seeking shelter, food, and drinking water. They will keep risking death so we can live.

Janbe san w
pa fè miyèt mòso
Gessica Généus

SE TALIE CÉRIN KI TRADWI TÈKS SA A DE FRANSE

To cross, without dislocating

Gessica Généus

TRANSLATED FROM FRENCH BY NADINE MODESTIN

Nan yon pwojeksyon espesya film "*Freda*" afwokaribeyen ki te fèt nan vil Pari, Assata Traoré abòde mwen epi li pale avè m tou ba nan zòrèy. Traoré se yon militan ki soti nan yon katye popilè fransè ki ap batay kont vyolans lapolis. Ti frè li, Adama, mouri an 2017 pandan li te nan men lapolis. Mesaj saj manmzèl te genyen pou mwen an: "Pa kite yo pran w nan pyèj avèk pawòl '*Freda* se yon fim ki efase gason.' Yo toujou vle mete tout bagay kont yon lòt: nwa kont blan, fanm kont gason. Di yo fim sa rakonte istwa fanm ayisyen. Pwen."

Mwen repete pawòl sa yo souvan pandan mwen t ap bay entèvyou anvan *Freda* soti nan sinema fransè.

Pandan mwen t ap kreye *Freda*, mwen pa t imajine a ki pwen mwen te pral oblije jistifye desizyon m pou mwen fikse kamera mwen sou fanm. Anpil fwa, mwen tande kòmantè tankou "gason pran kou nan fim ou an wi." E mwen toujou reponn, "paske, daprè ou, medam yo nan *Freda* ap byen mennen?"

Yon maskilinite ki ensiste pou tout zye rete fikse sou li paske li pa ka sipòte pou li pa sèl kòk k ap chante, tout tan, tout kote. Pou yo, zo kòt sa pa t ap ka trase pwòp chimen li san kò ki te fè l kado zo a.

Mwen te oblije toujou pran san m pou chwazi mo mwen lè m t ap eksplike rezon ki fè sijè istwa fim lan se fanm. Mwen toujou gade ki gason ki poze kesyon an, pou m jije si m ta dwe menm oze di mo "feminism" lan oswa jis di ke fim lan se istwa pa m. Mwen leve nan mitan fanm, kidonk pou premye fim pèsònèl mwen, fòk mwen te rete fidèl a verite sa ki te fòje jan mwen wè lavi a.

Mwen te konprann tou ke pandan n ap goumen kont diferan kalite fòs ki vle dominen nou pandan nou nan yon pwosesis kreyatif, echèk sa yo pa ka toujou pran tèt nou. Pafwa, li nesesè pou nou re-evalye priyorite nou, espesyalman lè kapasite nou pou nou dirije yon pwojè riske pran frap.

Mwen vin konprann byen vit ke estratije sa ki vle fanm majinalize (oubyen yo domine a) a echwe a, se pou kreye distraksyon ki retire nou sou wout objektif nou. Estrateji a se pou pouse nou rete nan yon pozisyon kote nou toujou ap defann tèt nou, olye pou nou aktiv nan mouvman pou atenn objektif nou.

Mwen te oblije aprann pa kite distraksyon sa yo retire je mwen sou pwen final la.

At the special Afro-Caribbean screening of Freda in Paris, Assa Traoré came up to me and whispered something in my ear. Traoré is an anti-police brutality activist from a French working class neighborhood whose brother, Adama, died in 2017 while in police custody. Her prescient message: "Don't let them trap you with notions like '*Freda*, a film that erases men'. They always want to put things in opposition to each other. Black versus white, woman versus man. Tell them that this film tells the stories of Haitian women. Period."

I would repeat those words often during interviews leading up to *Freda* 's release in French theaters.

In making *Freda*, I didn't anticipate how much I was going to have to justify the fact that I decided to focus my camera primarily on women. I often hear comments such as "men don't fare too well in your movie." And I always answer: "Because, to you, the women in *Freda* have it easy?"

A masculinity that constantly demands that all eyes be placed on it because it cannot bear not to be the center of everyone's attention, at all times and in all places. This solitary rib would not be able to find her way without the body that donated it to her.

I had to constantly measure my words when explaining the reason why women are at the center of this story. Depending on which man was asking me the question I gauged whether I should utter the word "feminism" or simply explain that the film tells my story. I grew up surrounded by women so, naturally, for a debut film that strives to be personal, I had to remain loyal to this truth that is foundational to how I see life.

I also understood that while we fight against the different forms of desires of domination that we face along the creative process, these challenges cannot constantly be frontal. Sometimes we must reevaluate our pyramid of priorities, especially when our ability to carry out a project that requires leadership is under direct attack.

I quickly understood that the strategy encouraging marginalized women to fail is also, and above all, to constantly distract them from their ultimate goals. To goad them into persistent reactionary postures instead of active movement towards their goals.

Yon lòt ide moun yo pa t vle lage se ide yon Kreyòl ki pa ka kanpe poukont li san Fransè nan yon pyès, e ke li pa ka egziste andeyò Ayiti. Anpil moun te sigjere pou mwen fè fim lan an Fransè pou li te ka pi aksesib. Aksesib? Mwen te gade fim Wong Kar-wai la ki rele *Fa yueung nin wah* avèk soutit, e sa pa t janm ban m pwoblèm ke mwen pa te abitye avèk lang ki t ap pale a.

Tout tantativ represyon ki te fèt sou senaryo mwen an se te pou eseye pwouve Kreyòl la se pitit Fransè. Li te klè kou dlo kokoye : kreye fim sa an Kreyòl se te sè grenn opsyon posib la. Tout pawòl ki nan fim nam byen chwazi pou pwouve kreyòl la se sèl lang fim nan te ka itilize.

Yon bezwen pou rete sèl kòk k ap chante menm lè sijè a pa konsène yo, se sa moun ki vle dominen an ap chèche. Yo pa ka aksepte ke listwa nou ka rakonte san yo pa tanpe l.

Fanm kont gason, peyi kolonize kont peyi kolon. Ki jan pou nou monte aklè sèl sa nou vle se pou nou ka kreye zèv san defòme imajinasyon nou. Ki jan nou ka montre aklè zak sa se pa yon efò pou efase yon lòt, men pito pou nou ka egziste nan pwòp verite nou?

Libète pou nou egziste nan fason nou wè tèt nou vini ak yon pri, e se yon erè pou nou eseye fenmen je sou zak lòt moun ka pran pou yo rache libète sa nan men nou.

Pandan m ap ekri pawòl sa yo, tou prè lakay mwen, mwen ka tande elèv k ap chante "Mon beau sapin…" yon louwanj pou yon Tonton Nwèl yo p ap janm rakontre. Men fason nou toujou vle rejwenn nou nan yon mond fantezi kote nou p ap janm wè imaj nou reflete vre, li pa toujou gen sans.

Mwen vle ekri nouvo vèsyon kont fe mwen te renmen yo. Mwen vle ekri yon nouvo Belle au bois dormant. Nan vèsyon pa m lan, lè prens lan rive, l ap jwenn mwen ki chita sou tèt yon dragon mwen deja bat poukont mwen.

Mwen di sa pou m fè konprann ke mwen vle aprann ki jan pou mwen obsève lavi ak prensip ki rann mwen pi fò, e pa ak prensip ki rann mwen fèb oubyen fèm doute prezans mwen sou latè.

Se sa mwen vle pou zèv kreyatif ki pral fèt pi devan yo, pou sineyas pi devan yo ak tout atis sou zile mwen an.

Egzistans ou lejitim, e fason ou eksprime li pi lejitim toujou.

There was also this obsessive idea of a Creole that couldn't stand on its own in a piece, without French, or even exist somewhere other than where it's spoken? People suggested several times that I shoot the film in French so that it would be more accessible. Accessible? I watched Wong Kar-wai's Fa yeung nin wah with subtitles and never once asked myself why it wasn't in a language familiar to me.

So many attempts to repress my script, with the aim of proving that Creole is a French derivative. All the finely-honed comebacks trying to show that making this film in Creole was the only possible option.

The need to exist and be at the center of attention even when the topic does not concern them—here lies the quest for domination. The non-acceptance of the fact that our History can be told without their stamp of approval.

Man versus woman. Colonizing country versus colonized country. How do we make it clear that all we want is to create without distorting our thinking? How can we make it clear that this gesture comes not with the intent to erase the other but rather to exist in our truth?

The freedom to exist as we perceive ourselves has a price. And ignoring what others are willing to do in order to crush that freedom is a mistake one must avoid.

As I write these lines, children in a nearby school are singing "Mon beau sapin..." ("O Christmas Tree)" an ode to a Santa Claus that many of them will never see. Yet this need to be part of a fantastical world in which they will never recognize themselves seems visceral.

I want to rewrite my fairy tales. I want to rewrite sleeping beauty and make the prince, when he arrives, find me sitting atop the dragon that I have already defeated.

All this is to say that I want to relearn how to observe life according to codes that make me stronger and not those that weaken me and make me doubt my legitimate presence on this earth.

This is what I want for future creations, future filmmakers and artists of my island.

Your existence is legitimate and your way of speaking it even more so.

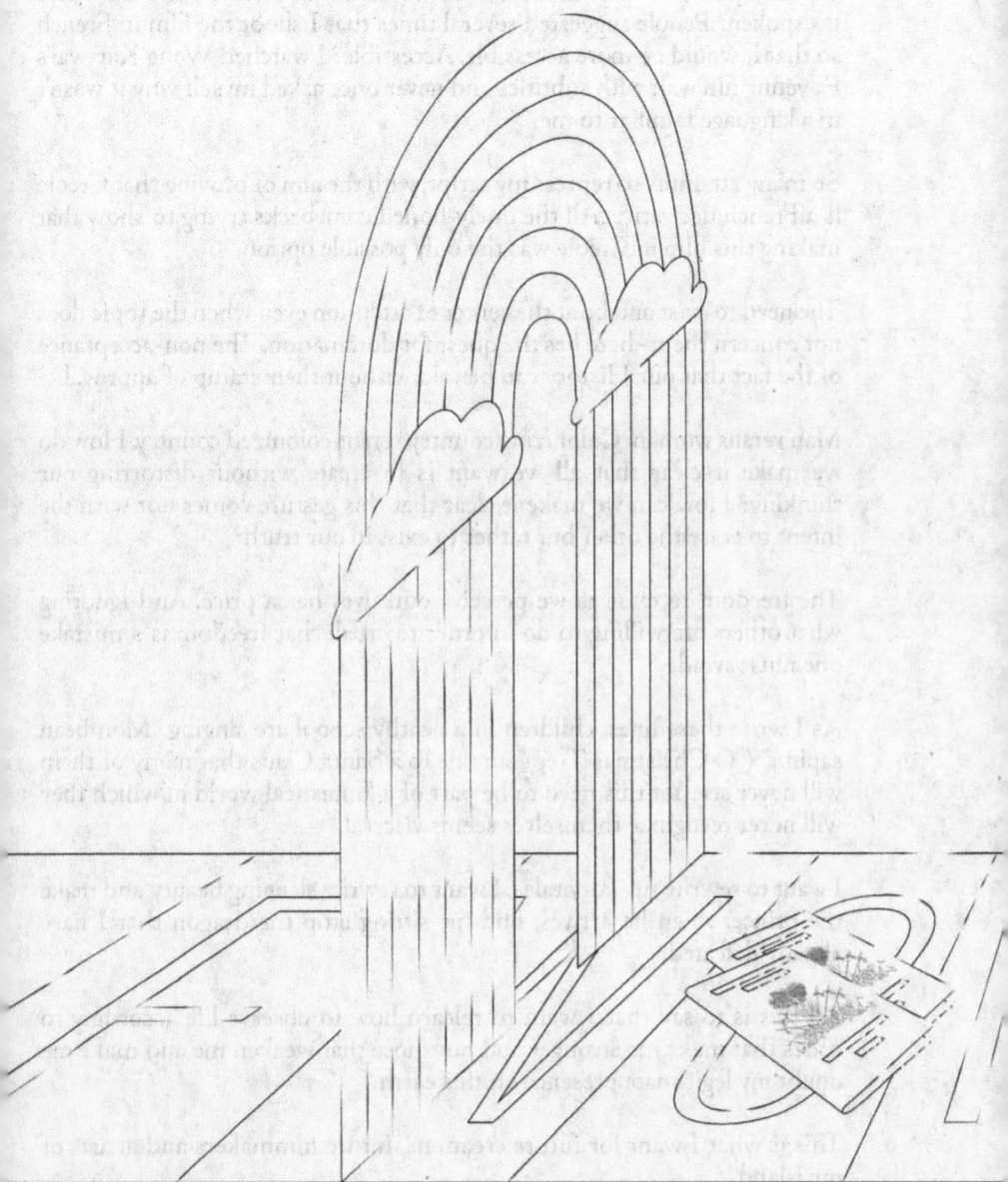

Anndan / Deyò

Keylah Mellon

Inside / outside
Keylah Mellon

TRANSLATED FROM HAITIAN CREOLE BY TALIE CÉRIN

Mwen se yon fanm ki renmen ak yon fanm. Youn nan premye fwontyè mwen travèse, se te nan mwen. Seksyalite mwen. Yon chimen mwen te pè pran a kòz vyolans ki antoure l. Ann Ayiti, se yon fwontyè ki pa janbe fasil. Pran chimen sa a, se chwazi pran l, ak tout sa ki vini ak li. Tankou tout fwontyè.

Mwen pran wout sila a lè mwen te jèn. Li mennen m jwenn tèt mwen. Apre fwontyè sa a, gen yon pil fwontyè, yon pil lòt baraj mwen travèse nan mwen, epi ak lòt moun. Mwen reziste, mwen fè fas ak tout.

Kijan pou ou konprann kote yon moun kòmanse ak kote ou menm, ou fini? Se konsa Tika (moun ki nan foto a) ak mwen te konprann youn lòt. Li mènm ak mwen travèse anpil fwontyè men nan men. Nou soti Ayiti, pou n ale Nouyòk lè nou te gen 18 lanne. Se konsa mwen kòmanse konprann fwontyè ka gen yon enpak sou lavi pèsonèl yon moun. Anvan sitiyasyon sa a, tout sa mwen te konn sou fwontyè te abstrè. Sa montre privilèj mwen.

Travèse sa a, louvri yon espas nan mwen, tankou rive janbe fwontyè ka louvri pòt pou lòt moun. Men pran chimen pou rive sou yon fwontyè toujou gen limit li. Ki lòt fwontyè l ap mennen? Paske, youn nan bagay mwen aprann nan mond sa a, se, dèyè yon fwontyè toujou gen lòt fwontyè.

E si nou tou de ansanm rive depase plizyè kalte fwontyè : seksyèl, jewografik, nan entimite nou, nou kan menm vin bloke nan twomatis pèsonèl nou. Relasyon nou an, fè n fè fas ak yon kokenn chenn fwontyè entim nou pot ko pare pou n janbe, malgre nou te gen privilèj pase plizyè fwontyè jewografik. Mwen di sa pou mwen mete limyè sou yon bagay mwen panse nou pa diskite ase. Entèraksyon pèsonèl nou se yon gwo vag pou politik lavi n. Konprann kòman nou janbe fwontyè ak moun ka montre nou, kijan n ap navige nan mond lan.

Nan zafè fwontyè entim lan, nou tout gen travay pa nou pou nou fè. Kijan pou yon moun deside pou tèt li an akò ak lòt moun ki paka wè tèt li ann antye? Kijan pou yon pèp deside pou tèt li an akò ak yon lòt ki pa vle li vanse?

Relasyon mwen ak moun sa a, fè mwen poze anpil kestyon sou kijan m ap navige nan mitan entèraksyon pèsonèl mwen yo. Sa ki fè m poze kestyon tou, sou politik mwen. Ki fè m ap poze kestyon sou politik mond lan an jeneral.

Kisa ki fè, nou menm moun nwa, nou paka travèse fwontyè seksyèl, jewografik, entim, ak anpil lòt, libè libè ?

I am a woman in a relationship with another woman. The first frontier I had to face was within myself. My sexuality was a path that I was afraid to follow because of its violence. In Haiti, it is a border that cannot be crossed easily. Choosing this path also means choosing everything that comes with it, just like any border.

I chose this path very young in my life. It allowed me to find myself. After this border, I faced other barriers that I crossed within myself and with other people. I resisted, I fought them all.

How do you understand where one person begins and where you, as a person, end? This is how Tika (the person in the photo) and I understood each other. She and I have crossed many borders together. We left Haiti to go to New York at the age of 18. I then understood the impact of borders on one's personal life. Before immigrating, everything I knew about borders was abstract. The novelty of this revelation was clear evidence of my privilege.

This crossing opened up a space in me, just as crossing borders can open doors for other people. But embarking on one path to arrive at another always has its limits. To what new barriers can it lead? Because, in the world we live in, if there is one thing I have learned, it is that behind borders, there are other borders.

Although Tika and I crossed all these sexual, geographic, and intimate borders, we were still confined by our traumas. Our relationship pushed us to face an intimacy barrier that we were not ready to cross despite our privileged access to geographical borders. I say this to highlight a point not often considered: our relationships have critical political implications on our lives. Learning to cross borders with others teaches us how to navigate this world.

On the topic of intimacy, we all have our role to play. How can we make decisions for ourselves in relation to others who do not see us as whole? How can a community determine its own future, while in relation with another that does not wish to see it progress?

My relationship with this person made me question how I handled my personal interactions. This also stirred up questions about my politics. Why can't we, black people, freely cross sexual, geographical, intimate, and all the other borders that exist?

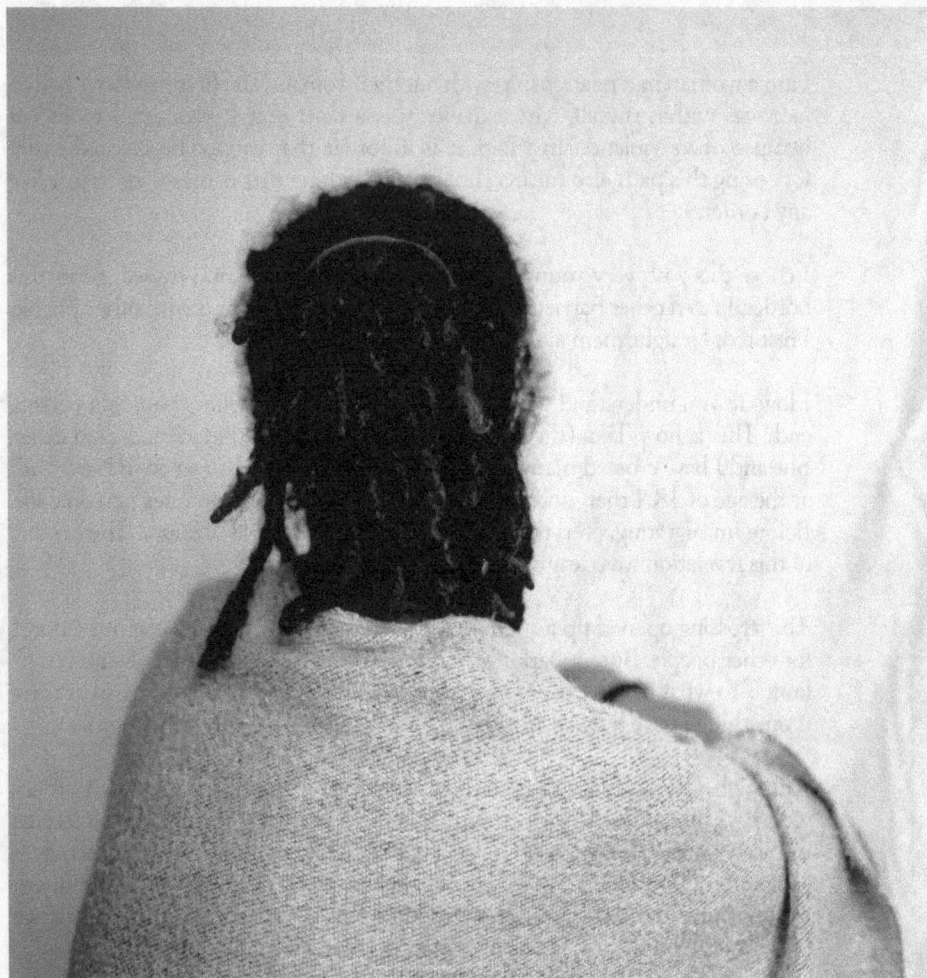

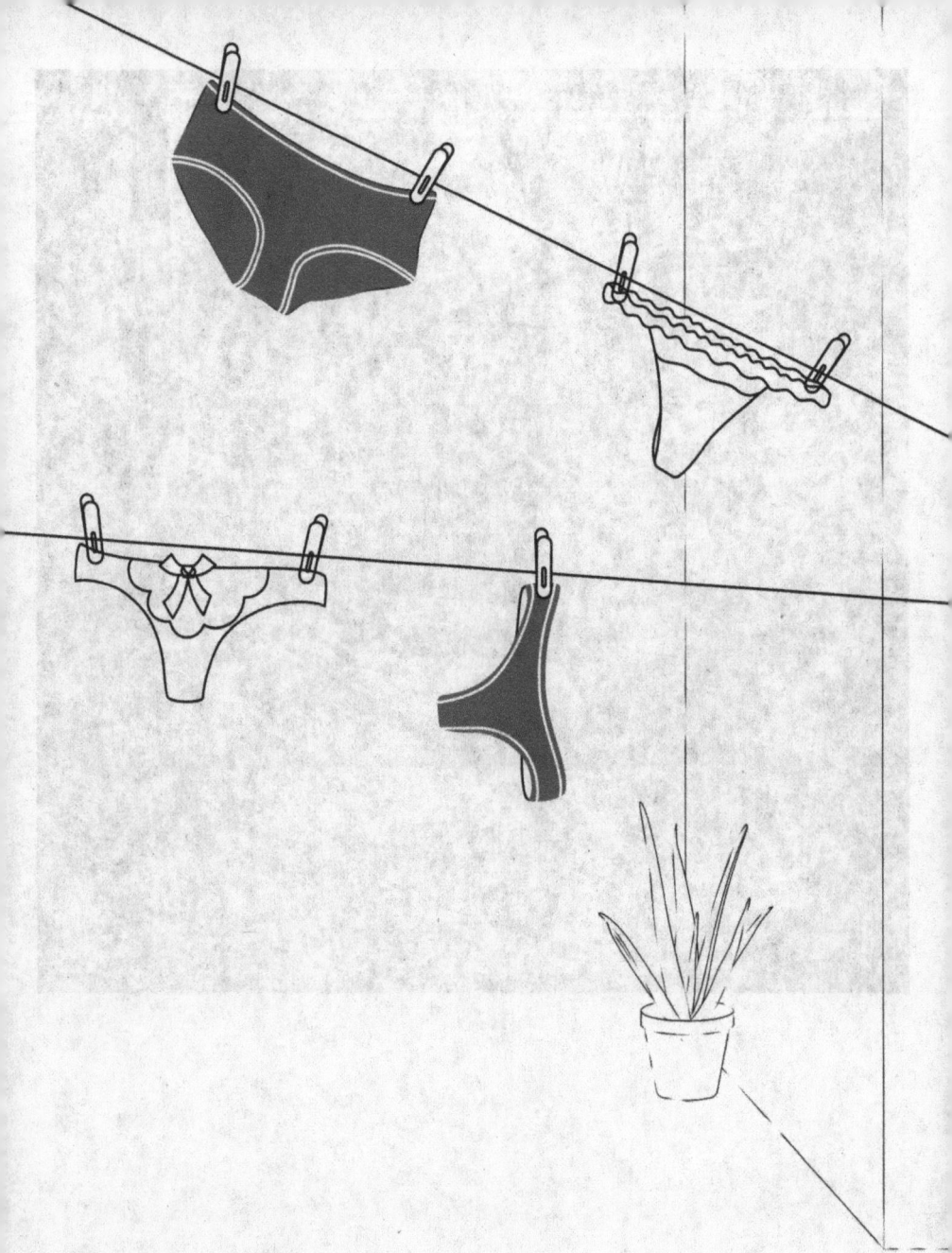

Kilòt La
Nathalie Batraville

SE TALIE CÉRIN KI TRADWI TÈKS SA A DE FRANSE

Intimates
Nathalie Batraville

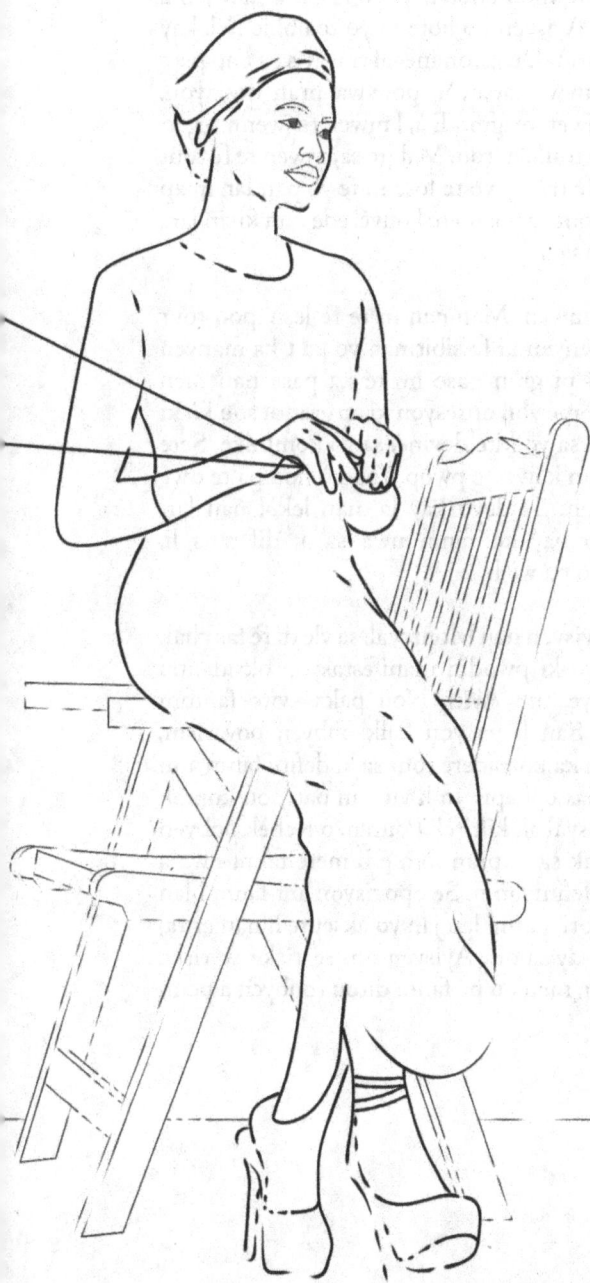

TRANSLATED FROM FRENCH BY NADINE MONDESTIN

Li enpresyonan pou nou konsatate ki kantite jefò ak travay sa mande pou paran nou yo, pwòch nou yo ak antouraj nou devlo eq a+pe epi antreteni rapò jan yo nan timoun yo, sitou nan tinoun nou te ye yo,. Lè mwen te jenn, mwen te sezi wè tout travay fanm Ayisyen bò kote m yo te oblije fè lakay yo anplis travay yo te dwe fè deyò tou. Divizyon inegal travay sa a t ap pete je, menm jan ak distribisyon pouvwa lapawòl, pouvwa pran desizyon, otorite ak lapèrèz. Nan kay kote mwen te grandi a, l mwen te jwenn règ ki te etabli yo pa te ka chanje e yo t ap toufe m tou. Malgre sa, mwen te fè tout sa mwen te kapab pou mwen pa t fè travay yo te fòse m fè yo pandan m ap gade frè m lan ki pa te gen pou fè tout sa yo: mete kouvè, ede nan kizin lan, pase bale, pase mòp ak lave kilòt mwen.

Travay sa a ap rete grave nan tèt mwen. Manman m te fè lesiv pou tout fanmi an. Kisa kilòt mwen yo te genyen ki fè sibitman yo pa t ka manyen yo? Poukisa slip frè mwen an, ki pi gran pase m, te ka pase nan men manman m? Kilòt la montre lè w fòme yon obsesyon ki ap grandi sou kò ki fanm: sa rad li montre, sa li kache, sa yo kite devine, sa yo kominike. Sete yon kò ki te dwe rann kont, rete nan kay, rete pwòp. Yon kò nou pa te dwe site non li, preske yon kò san non. Se deyò kay la, nan lekòl nan lari Monreyal, mwen aprann non yo bay kò fanm nwa sa a, diferans li, vilnerabilite li, jan yo wè li ak jan yo pa wè l.

Lè ou Ayisyen oubyen gen orijin Ayisyen nan Monreyal, sa vle di fè fas chak jou a sistèm reprezantasyon ras yo ki pwodui manifestasyon oksidantal patriyaka a paran mwen yo eritye ann Ayiti. Nou paka evite fantom kolonyalism lan nan Karayib la. San li pa yon kalk oubyen bovarism, malgre gen yon tip fanm Nwa, nou ka konsidere tout sa ki defini fanm ann Ayiti konstui toudabò sou rapò klas epi apre sa li vire an pati sou kontak ak sa ki blan, sou plan koulè po, sosyal ak kiltirèl. Poutan, o Kebèk oubyen nan peyi Etazini pa egzanp, kontak sa a pran fòm e li mete fanm nwa a anfas matris ki pwodui tout sa ki defini fanm. Se opozisyon ant fanm blan ak fanm sovaj la, ki akouche kategori "fanm" lan jan yo aksepte li nan eritaj oksidantal la. Lè w se fanm nan dyaspora Ayisyen an, se riske w riske reyalize non sèlman ou pa fèt fanm, men ou pa fanm ditou (oubyen a penn fanm) selon paramèt blantriyaka a.

It is impressive to see how in children, especially the children we were, the effort and work that the development and upholding of gender relations requires from our parents, our loved ones, and our entourage. As a girl child, I used to observe in bewilderment the amount of housework done by the Haitian women around me, in addition to their jobs outside the home. The unequal division of labor was glaring, as was the distribution of speaking power, decision making power, authority, and fear. In the house where I grew up, the established order seemed to me as unchanging as it was constricting. Despite everything, I did what I could to refuse the chores that were imposed on me without my brother being tasked with similar responsibilities: setting the table, helping in the kitchen, sweeping, mopping, and washing my underwear.

This chore will probably remain etched in my mind forever. My mother did the laundry for our whole family. What was hidden in my underwear that suddenly made it untouchable? Why is it that my brother's briefs, despite him being older than me, could be touched by my mother's hands? The panties were a window that displayed, all throughout puberty, a growing obsession with this female assigned body: what the clothes let show, what they hid, what they let one guess at, what they signaled. It was about a body that had to answer to authority, stay home, stay clean. A body whose name could not be spoken, a body that verged on namelessness itself. It was outside the home, at school, on the streets of Montreal, that I learned the name given to this Black woman's body, its difference, its vulnerability, its visibility, and its invisibility.

To be Haitian, or of Haitian origin, in Montreal meant to face on a daily basis the systems of racial representations that produced the Western patriarchal manifestations that my parents inherited in Haiti. The specter of colonialism in the Caribbean is unavoidable. Without being a question of reproduction or imitation, and although there is a whole typology of Black womanhood, one can say that femininity in Haiti is constructed first of all on class relations and then is partly defined by proximity to whiteness, on the epidermal, social and cultural level. Today, in Quebec or the United States, for example, this closeness is embodied and confronts every Black woman with the very matrix that produces the feminine. It is the opposition between white woman and savage woman, whatever she may be, that gives rise to the very category pf "woman" as conceived in the West. To be a woman in the Haitian diaspora is to risk realizing not only that one is *not born* woman, but in fact that one is *not* woman at all (or barely), according to the parameters set by white supremacist patrairchy.

Devalorizasyon lavi moun Nwa an Amerik di Nò repwodui demounizasyon eritaj esklaj ak kokonyalis lan kote sou diferan fòm . Demounizasyon sa a desann nan jan, ak yon konsepsyon fanm Nwa tankou echèk tout sa ki defini fanm, sou plan fizik, anatomik ak moral. Figi anblematik echèk sila a sete Sarah Baartman, yo te rele "Vénus Nwa", yo te konn mache montre li pou divètisman monden ak akademik syantifik nan kòmasnman XIXe syèk la. Tout sa nan objektif pou egzile fanm Nwa a nan kominote moun lan. Pou Saidiya Hartman, yon chèchè feminis, fanm Nwa a defini tèt li pandan esklavaj la tankou yon kote blese ak atak diyite pa gen okenn reparasyon: *unredressed injury*. Lè w se fanm nan dyaspora Ayisyen an, ou toutan ap fè fas ak yon konstriksyon inosans, san peche, ak bote ki ka sèlman pran chè kay fanm Blan an.

Kèlkeswa moun ki lave kilòt la, kilòt la p ap janm fin pwòp. Konfwontasyon ak yerachi feminen an selon ras la ka mennen nan yon emansipasyon parapò ak jan an an ki menm , parapò ak kategori a de fas yo ak parapò ak vyolans lan ki kenbe epi repwodui kategori sa yo. Nan rekèy li a La fidélite non plus…, ki pibliye ann Ayiti an 1986, Yanick Jean te ekri: "ils l'appellent d'un nom que je laisse tomber, parce qu'il aura lassé et l'oubli et l'usure…" (yo ba li yon non mwen p ap itilize, paske li pral anniye, sa n ap bliye ak sa ki degrade…). Anpil nan nou pa itilize non "fanm" lan ankò. Menm si nou tout poko pare pou kite non sa a, pou Hortens Spiller, si konstriksyon jan nan epòk esklavaj la pase pa dekonstriksyon jan fanm Nwa yo, dekonstriksyon sa a reprezante teren soulèvman nou an ak otodetèminasyon nou. Teren sa a dwe teren solidarite nan echèk la, solidarie non sèlman ant fanm Nwa trans ak sisjan, etewo, lesbyèn, biseksyèl oubyen queer, men tou ak lòt fanm Nwa ak natif natal ki tonbe, ki pa bon, ki chokan, ki pòv, ki kriminalize e eskandalè.

Nan la fidélité non plus… Jean te ekri: "surtout n'oublie pas qu'il ne fut jamais vrai qu'une porte soit ouverte ou fermée, car les battants tirés et le loquet posé, je bats comme la porte au vent de ma démence". (sitou pa bliye se pa t janm vre yon pòt louvri oubyen fèmen, paske pòt rale oubyen mete lòk, m ap batay menm an ak yon pòt nan van foli m.)Mwen renmen imajine, lè yo te ban m kilòt mwen yo, manman m te vle louvri pòt la epi ofri m posibilite pou mwen bay jan mwen, seksyalite m, ak plezi m yon non. Men kilòt mwen te pou mwen sèl lè moman an te rive pou mwen lave li, fè li blan ankò. Jodi a, sa ki rete pou mwen, se posibilite pou m goumen, pou m kontinye leve kanpe kont "Vénus Noire" la, sitou batay nan objektif pou mwen miltipliye tout oryantasyon pratik, estetik ak politik posib kote fanm Nwa yo ka viv ak siviv, envante ak re envante tèt yo, renmen epi renmen tèt yo.

The devaluation of Black lives in North America reproduces in different forms the dehumanization left behind by slavery and colonialism. This dehumanization is gendered, through a conception of the Black woman as a failure of femininity, both physically, anatomically, and morally. The emblematic figure of this failure was Sarah Baartman, known as the "Black Venus", who was exhibited at the beginning of the nineteenth century both for popular entertainment and for scientific institutions, always in the intention of exiling the Black woman from the human community. For feminist researcher Saidiya Hartman, Black femininity is defined at the time of slavery as the place where injury or outrage knows no redress: *unredressed injury*. To be a woman in the Haitian diaspora is to be perpetually confronted with a construction of innocence, purity and beauty that can only be fully embodied by white women.

Regardless of who's washing them, a woman's intimates will never be clean. Confronting the racial hierarchization of the feminine can lead to an emancipation from gender in and of itself, from binary categories, and from the violence that maintains and reproduces these categories. In her short story collection *La fidélité non plus...*, published in Haiti in 1986, Yanick Jean wrote: "They call it by a name that I discard, since it will have tired and forgotten and worn". Many of us have discarded the title "woman". But even if not everyone is ready to abandon it, for Hortense Spillers, if the construction of gender during slavery involved a deconstruction of Black women's gender, this deconstruction represents the terrain of our insurrection and our self-determination. This ground must also be the place of solidarity in failure, solidarity not only between trans, cisgender, straight, lesbian, bisexual, or queer Black women, but also with other fallen Black, Indigenous, unseemly, shocking, poor, criminalized, and scandalous women.

In *La fidélité...*, Jean wrote: "[A]bove all, do not forget that it was never true that a door was open or closed, because the shutters drawn and the latch lowered, I flutter like the door at the wind of my madness." I like to imagine that when trying to hand me back my underwear, my mother sought to open the door for me and gift me the chance to name my gender identity, my sexuality, my pleasure, and my enjoyment. But my panties were only mine when it came time to wash them, to restore their whiteness. Today, what I have left is the freedom to fight, in the ongoing insurrection against the Black Venus, and especially towards the multiplication of all possible practical, aesthetic, and political orientations in which Black women can live and survive, invent and reinvent themselves, love others and ourselves.

Yon Istwa Soup

Fania Noël

SE DORIS LAPOMMERAY KI TRADWI TÈKS SA A DE FRANSÈ

A soup story
Fania Noël

TRANSLATED FROM FRENCH BY TALIE CÉRIN

Gen siman yon moman anvan ak apre mwen idantifye m a tèm Afwofeminis la. Men li enposib pou mwen sonje a klè KISA ki te deklannche li, èvennman oubyen menm ane li kòmanse a. Se yon pil deboulonay ki fèt youn apre lòt e anpil fwa ki pa te menm ka detekte menm si pafwa yo konn brital selon bon plezi divès reyalite yo oubyen lit ak deba politik yo, (refize reponn menm kestyon yo, kestyone sa ki evidan, yon atansyon patikilye a dwa pou nou egziste san vyolans). Malgre sa, si mwen ta sipoze fè egzèsis jwenn dat panse afwofeminism mwen fòme a, mwen t ap di sete 31 desanm 2002.

Si mwen chwazi dat sila a se paske afwofeminism menm jan ak feminis pa sèlman chita sou kritike inegalite ki egziste ant jan yo, men tou, konprann fòm afeksyon ak solidarite ant fanm sa ki pèmèt yo pwoteje tèt yo. Li enpòtan anpil pou nou konprann sa paske tout li grandi nan bonte ki kanpe fas a diskou patriyaka yo sou relasyon ant fanm e li pèmèt tou devlope bonte anvè pwòp tèt ou. Bon kè pa vle di sitirans san limit, dayè li paka egziste tout bon si nan espas yo pa gen yon minimòm valè, yon mouvman tèt ansanm ak entimite ki pataje youn ak lòt. Espas sa yo tounen kote ou depoze nòm ak règ sosyete a, lè ou byenveyan ak fanm ou konnen, ou renmen, sa ki pèmèt ou pataje bonte sila a ak gwoup fanm ou pa konnen e ki se lennmi politik ou. Pa pou epanye yo paske yo se fanm men pou nou pa tonbe nan pyèj patriyaka a nan swete yo jwenn penisyon vyolans ki vini ak sistèm sila a. Fòm bonte sila a pèmèt ou di non a sitiyasyon ak pwojè politik ki mete liberasyon nou sou kote, non a deba entèlektyèl malonèt ki chaje ak movèz fwa.

31 desanm 2002, nan yon imèb ki konfòm ak règ estetik tout sa ki lèd yo bay kay nan katye popilè Pari yo, gen kat apatman ki tèt anba: nan dezyèm, senkyèm ak setyèm etaj yo. Fanmi Ayisyen ki ap viv nan apatman sa yo ap eseye fè kou yo konnen pou rive fè tout sa yo gen pou fè avan lè a rive sou yo. Pandan yo ap prepare yon seri manje ki konplike pou sware a (yo ka pran de a twazè tan pou yo prepare yo), fòk soup joumou tradisyonèl la pare pou minui. Yo ap goute ti kras ladann nan lannuit lan epi rès la y ap chofe li nan demen maten pou yo ka byen manje li.

There is surely a time before and after I began identifying with the term "Afro-feminist." But it is impossible for me to pinpoint the exact trigger or even the year. It was a series of often imperceptible shifts (a refusal to answer the same questions, a questioning of what I was taught to accept, a particular attention to my right to exist outside of violence). However, if I was tasked with dating the birth of my personal Afro-feminist thought, it would be December 31, 2002.

I chose this date because Afro-feminism, like feminism, is not simply about understanding gender inequality, it is also about understanding the forms of friendship and sisterhood that allow women to protect one another. This understanding is essential because it is nurtured by a kindness that defies patriarchal understandings of relationships between women and also allows one to develop kindness towards oneself. Kindness does not mean a tolerance for any and everything, and indeed it can only fully exist in spaces where a baseline of values, mutual respect and intimacy are shared. These spaces allow for counter-socialization. Becoming accustomed to being kind with the women that we know and love, allows this kindness to extend to groups of women who are unknown to us and those who are our political enemies—not to spare them because they are women, but to avoid falling into the traps of patriarchy by wishing patriarchal violence as punishment. This form of kindness makes it possible to turn down political situations and projects which push our liberation to the backburner and avoid dishonest and bad faith intellectual debates.

It is December 31, 2002. In a building furnished in the ugly aesthetics reserved for working-class districts of the Parisian suburbs, four apartments are in turmoil on the second, fifth and seventh floors. These four apartments, which house Haitian families, are waging a relentless war against time. In addition to preparing complicated dishes (requiring around two or three hours of prep time) for that same evening, the traditional *soup joumou* also needs to be ready before midnight. It will be tasted sparingly and then put away for the next day to be reheated and savored.

31 desann sila a, apatman ki nan senkyèm etaj la òganize tankou klèb Pari yo: gen twa sal, twa anbyans diferan. Nan salon an gen Tabou Combo, Septentrional ak Tropicana ki ap frape byen fò nan espikè yo. Li a penn sizè apre midi kidonk li twò bonè pou Babankou 5 etwal ak chanpay la, men se bon lè pou kremas ak Babankou 3 etwal. Yon dis gason konsa ap pale ak anpil nostalji chaje ak emosyon de lavi yo ann Ayiti anvan yo te imigre an Frans pou fè jòb chofè taksi, travay netwayaj ak sou chantye. Nan koulwa a, tou pre chanm yo, gen yon douzèn timoun ak adolesan. Pou yo se playstation lan ki atis sware a. Gen sache bonbon tout kalite ki atè a, gode an plastik ki gen kola kouwòn (yon bwason gazez ki sòti Ayiti yo achte espesyalman pou lokazyon sila a) ak bweson ki ta vle sanble ak Coca Cola ak Fanta. Timoun ki pi entelijan yo rive menm pran yon ti vè kremas nan salon an. Nan kizin lan, gen nèf fanm ki okipe nan koupe, kale, bat, brase, melanje ak rache. Volim vwa yo varye selon si yo ap fè yon kout ri, sezisman ak zen. Bri gwo chodyè, pilon epis, manje ki ap fri yo ak tout lòt bri lòt zouti nan kizin lan, bay kadans lan.

Mwen ta byen renmen ale pi lwen ak metafò sou klèb yo, men malerezman pou mwen nan epòk sa a, jenn tifi kenz lanne a, sèl chwa mwen te genyen se: kizin lan. Pwojè mwen te genyen pou mwen jwe "Grand Theft Auto: Vice City" sou Playstation lan pa te anyen devan devwa mwen te genyen pou mwen nan kizin lan. Sitou pou yon jenn fi ki pral vin yon fanm talè konsa. Men mwen ki kondane pou mwen rete nan kizin lan. Ane anvan yo, mwen menm ak sè m lan te responsab pou nou kale lay ak lòt epis yo. Se yon travay nou te konn fè bonè depi inè trant nan apremidi konsa nou te ka lib. Men sa a se dantan. Sa ki ap tann mwen pou sware a se: dekoupe, kale, bat, brase, melanje epi rache. Kòm mwen pa gen okenn pouvwa pou pran inisyatif menm jan ak lòt fanm yo kidonk se: fè si, fè la, rapid vit e byen. Mwen fè tout sa mwen konnen pou mwen pa te fè travay sa yo, mwen pwpoze tèt mwen pou m al nan mache, pou mwen veye timoun ki pi jenn yo, men, men mwen ki chita, do m apiye nan mi an sou yon chèz ki sanble yon ti ban enkonfòtab, sa ki te pi konfòtab yo se pou granmoun yo.

On that December 31st, the fifth floor apartment is organized in the style of Parisian nightclubs: three rooms, three atmospheres. The living room vibrates to the sounds of Tabou Combo, Septentrional, Tropicana. It's 6 p.m., still too early for the 5-star Barbancourt and champagne, but the perfect time for the 3-star Kremas and Barbancourt. About ten men talk with nostalgia and a generous amount of grandiosity about their lives in Haiti before immigrating to become taxi drivers, janitors, and construction workers in France. In the hallway near the bedrooms are a dozen children and teenagers. The PlayStation is the star of the night. Candy and chip wrappers litter the floor, and plastic cups filled with Cola Couronne (a Haitian drink purchased especially for the occasion), off-brand Coca Cola and Fanta are everywhere. The more clever kids even manage to grab a glass of Kremas from the living room. In the kitchen, nine women are busy cutting, peeling, whipping, stirring, blending and chopping. The volume of their voices rises and falls between laughs, exclamations and whispers. The sounds of super-sized pots, mortar and pestles, frying foods and other musical notes from cooking utensils add to the rhythm.

I wish I could have gone on further with the nightclub metaphor, but unfortunately for the version of me at the time, a 15-year-old Haitian girl, there was only one option forced upon me: the kitchen. My plans to immerse myself in "Grand Theft Auto: Vice City" on the PlayStation were hopeless in the face of my duty to be in the kitchen, as a girl who would soon be a woman. So there I was, condemned to the kitchen. In previous years, my sister and I were relegated to peeling garlic and other spices, labor that we sped through in an hour and a half to regain our freedom. But that was in the past. My horizon for the evening consisted of cutting, peeling, whipping, stirring, mixing and chopping and, unlike other women, without any power to take initiative—do this, do that, be quick and precise. After delaying the duty's commencement for a while by volunteering for grocery shopping and babysitting, I found myself with my back against the wall, sitting on a kind of uncomfortable step ladder, since the most comfortable chairs were reserved for the granmoun. Après avoir repoussé l'échéance arguant de ce devoir, en me proposant pour les achats à l'épicerie, le gardiennage des plus jeunes, j'étais dos au mur, sur mon siège, un genre d'escabeau inconfortable, les chaises les plus confortables étant pour les granmoun.

Mwen te prepare mantal mwen paske mwen te konnen sware sa a t ap pi raz pase kou laten nan lekòl la. Men, menm jan gen mirak Nwèl, sa ki enspire anpil fim ki pase mòd, se konsa gen mirak soup joumou. Sa mwen te panse ki ta pral yon lanfè pou jenn timoun, vin tounen yon sosyete sekrè kote pi bon zen yo ap bouyi: manm fanmi an, manm legliz, fanmi pwòch oubyen lwen, tout bagay pale…timoun deyò, istwa moun ki ap twonpe lòt, sa ki kraze konfyans lòt, sa ki fè lajan kominotè yo fè fon, manti yo te konn bay paran yo pou ale nan banbòch yon kote yo rele Cabane Choucoune.

Mwen dekouvri 31 desann sila a, fanm sa yo mwen te konnen tankou granmoun "ki anpeche w fè tout bagay" ki te gen kòm sèl aktivite, ale nan reyinyon lapriyè nan legliz yo, fè sòl ak maryaj, te moun tou e yon epòk yo te jenn. Epi kout ri sa yo, sete de kout ri ki te sot anndan yo ki te vre, pafwa yo te konn toufe yo men sete de ri ki menm rive chanje ekspresyon figi yo, yon kout ri ki sot nan entimite kolektif la.

Mwen te gen kenz lanne e lide medyòk mwen te genyen ki te pi pwòch lide feminism lan sete konviksyon mwen te gen sou frè mwen ki te yon manm initil ki pa janm fè anyen ak ti gason nan lekòl la ki te idyo. Dayè tout gason yo te idyo vre. Sèz an apre pandan mwen nan kizin mwen ap blennde joumou, mwen sonje souvni remonte nan lespri m e mwen rann mwen kont sete premye eksperyans solidarite ant fanm mwen.

E depi lè sa a, grenn lan jèmen, li pouse ak lekti ak batay militan. Li ede m konprann sosyete a fè nou pa apresye tout sa ki gen pou wè ak fanm ak travay yo bay fanm (yo pa menm touche pou sa), e wòl feminism nwa yo se konprann kondisyon konplèks fanm nwa yo anba patriyaka a.

I had prepared myself psychologically for that evening being more boring and demanding than a high school Latin class, but in the same way that there are Christmas miracles—the inexhaustible source of inspiration for cheesy movie scripts—this night turned out to be a soup joumou miracle. What I thought was going to be a purgatory for teenagers turned out to be some sort of secret society with the most epic and juicy gossip: family members, church goers, close and distant acquaintances, nobody was spared. There were tales of hidden children, affairs, betrayals of trust, embezzlement of community funds, stories of lies to parents to go to a depraved place called Cabane Choucoune.

On that December 31st, I learned that these women, whom I only knew to be "blockers" of anything fun whose only activities were church prayer groups, participating in sòl and weddings, were also human beings, and that they had been young once. And then those laughs, short bursts of laughter, sometimes muffled, but laughter nonetheless that changed the very essence of their faces, a laughter of collective intimacy.

I was 15 and the closest thing to feminist ideology I had was my belief that my brother was a jerk who never did anything, that the boys in high school were all jerks, and for that matter, all boys were really stupid. Sixteen years later in my kitchen mixing joumou, this memory came back to me with the clear understanding that this was my first experience of sisterhood, and that this was the little seed that sprouted.

This seed, over the years, has grown, nourished by reading and activism. It helped me understand that society has conditioned us to look down on anything that is associated with women and the (unpaid) labor of women, and that the role of Black feminists is to fully grasp the complexity of the condition of Black women under patriarchy.

Non, nou pa fèt pou nou nan anndan kizin yo, paske fòk nou pa bay tèt nou manti, si pa gen fèt yo, gen anpil solitid.

Wi, gen anpil bagay ki rive nan pouse n mete sou kote.

Tout espas ka tounen yon espas pou òganizasyon politik e nou dwe al chache moun yo kote yo ye a.

Chak jou, nan kizin fanm sa yo, gen plan, konplo ki ap monte pou siviv, batay epi reziste nan fanmi yo, nan travay yo oubyen nan lari a.

Gen espas kote fanm nwa ka chita ansanm pou eflechi, pataje, òganize yo nan politik, diskite, ri, pèmèt devlope lanmou politik ki depase estereyotip sou zanmitay ant fanm ki vle fè konprann se de zanmitay ki fo oubyen ipokrit.

Konba feminis se yon konba revolisyonè pou libète ak bonè.

Nou menm tou, nou gen dwa nan salon an, nou gen dwa nan diskisyon politik ak pèsonèl, byen fò e nan mitan tout moun.

Antan premye pitit fi, kizin lan te pou mwen yon espas ki mete m nan prizon sosyal sof nan moman sa yo.

Refize, negosye maj ak dominasyon kit pre m (fanmi, travay) oubyen estriktirèl, sete aktivite prensipal ki fatige nou men nou menm fanm Nwa dwe itilize depi piti. Kòm nou paka genyen tout batay yo kit yo sa ki anndan nou kit sa ki deyò, pafwa nou oblije jwenn nan maj kote yo mete nou sou kote yo, zouti ki pèmèt nou mennen lòt batay, kòm nou pa gen ni pouvwa ni libète.

This seed has helped me understand that no, we are not naturally made to be in the kitchen. Because, we have to admit that, apart from times of festivity, it is a lonely space to occupy.

That yes, there are things happening in the margins we are pushed into.

That any space can turn into a space for political organization, and that we have to go and find people where they are.

That every day, plans are fomented in the kitchens of housewives—plots to survive, fight and resist in their families, at work or out in the world.

That having spaces where Black women come together to think, share, organize themselves politically, discuss, and laugh helps to develop political love, to go beyond clichés about female friendships that are false and hypocritical.

That the feminist fight is a revolutionary fight for freedom and happiness.

That we too have the right to the living room, to political and personal discussions in the center and out loud.

As the eldest daughter, the kitchen has been the ultimate place of social exclusion for me, with the exception of these moments.

Refusing and negotiating the margins as well as local (family, work) and structural domination is the primary and most exhausting act that we as Black women engage in, from an early age. As we cannot win all battles, internal and external, sometimes it is in these margins we are relegated to that we must find, for lack of power and freedom, tools that will allow us to fight other battles.

Suzanne Comhaire-Sylvain, yon fanm, yon syantifik san parèyann avans sou tan san li

Wyddiane Prophète

SE NADINE MONDESTIN KI TRADWI TÈKS SA A DE FRANSÈ

Suzanne Comhaire-Sylvain, a woman, an extraordinary avant-garde scientist

Wyddiane Prophète

TRANSLATED FROM FRENCH BY TALIE CÉRIN

Tèks sa a se yon vèsyon modifye epi anrichi yon atik ki te premye parèt an 2020 sou sit wèb Loop Haïti

Nan kòmansman ventyèm syèk la, yon fanm pouse limit kareman machist milye syantifik ayisyen an pou bay kontribisyon pa li nan pwogrè ki t ap fèt, espesifikman nan domèn lengwistik ak antwopoloji. Sa a se istwa Suzanne Comhaire-Sylvain, pi gran pami pitit Georges Sylvain yo, ki te yon powèt-militan kont Lokipasyon Ameriken (1915-1934) ann Ayiti.

Nan dat 20 jen 1975, nan Nijerya, Suzanne Comhaire-Sylvain, pral rann dènye souf li apre yon aksidan machin trajik. Sou tèt 76 lanne li yo, li te kite yon kantite travay monimantal ki mete li nan mitan gwo syantifik epòk li yo. Li se premye fanm ayisyen diplome antanke lengwis ak antwopològ, premye fanm ayisyen ki fè doktora, rechèch li yo te prime tank nan nivo nasyonal ak entènasyonal e ki te resevwa rekonpans tank nan nivo nasyonal ak entènasyonal.

Li te fèt nan dat 6 novanm 1898, se premye pitit fi gwo ekriven ak militan ayisyen an Georges Sylvain, epi nyès jounalis ko-fondatè mouvman panafrikanis la, Benito Sylvain. Li te swiv tras fanmi selèb li an. Nan Ayiti ane 1900 yo, kote aktivite entelektyèl yo sete koze gason sèlman, Suzanne redi, ak yon tèt di ki siman jenetik, pou louvri bwat "Pandòr" la epi kite yon gwo eritaj pou laposterite.

Anba je patriyaka a

Pòtoprens, Pari, Kingston, twa gwo kapital sa a yo pral nouri etensèl entelektyèl jèn fi a pandan edikasyon primè li. Antanke yon jenn fi ti landeng epi otonòm, Comhaire-Sylvain pa t ditou gen lentansyon swiv modòd epòk la ki ta vle fanm rete nan wòl mètrès kay yo sèlman. Li vle fè gwo etid epi travay. Se konsa li vin fè eskandal pete le li vin premye fanm ki travay nan yon biwo (nan Damyen an 1925).

Nan ane 1930 yo lavi an n Ayiti pa t poze ditou pou lafanmi Sylvain an. Se sitou paske papa a, Georges Sylvain, te nan batay fawouch kont Lokipasyon ameriken ki te dire kenz lane ann Ayiti. Fò nou di tou se patisipasyon aktif fanm ayisyen ki mennen nan eksplozyon enjerans etranje sa a nan koze ayisyen sòti 1919 rive 1934.

Apre okpiasyon an - ki vle di apre 1934 - fanm ayisyen pral soti nan lonbraj pou yo defye estati enferyè yo a. Fanm pa vle depann de gason sèlman ankò ,

This is a modified and supplemented version of an article originally published in 2020 on the site Loop Haiti

At the turn of the last century, one woman pushed back against the chauvinist limits of the Haitian scientific world with her contribution to the advancement, in particular, of linguistics and anthropology. This is the story of Suzanne Comhaire Sylvain, the eldest daughter of Georges Sylvain, poet and activist against the American occupation of Haiti (1915-1934).

In Nigeria, on June 20, 1975, Suzanne Comhaire-Sylvain breathed her last breath following a tragic car accident. At 76, she left behind an amazing body of work that places her among the great researchers of her time. As the first female Haitian linguist and anthropologist and the first woman to hold a doctorate in Haiti, her research has earned her national and international recognition and awards.

Born November 6, 1898, Sylvain, the eldest daughter of the great Haitian writer and activist Georges Sylvain and niece of journalist and co-founder of Pan-Africanism, Benito Sylvain, walked in the footsteps of her famous relatives. In the Haiti of the 1900s, where intellectual pursuits were exclusively reserved for men, Suzanne channeled the boldness she inherited from her family, determined to open Pandora's box and leave a tremendous legacy.

The Eye of the Patriarchy

Port-au-Prince, Paris, Kingston—these three major capitals nurtured the intellectual spark of the young girl in her primary studies. Independent and daring, Comhaire-Sylvain did not intend to follow the rules of her time, which confined women to the home. Instead, she wished to go to college and to work. In 1925, she thus created an unprecedented scandal by becoming the first woman to work in an office in Damien.

In the 1930s, life in Haiti for the Sylvain family was not easy due to her father, Georges Sylvain's, fierce fight against the American occupation of Haiti. It should be noted that Haitian women actively participated in the efforts that led to the end of this foreign interference in Haitian affairs from 1919 to 1934.

After the end of the occupation in 1934, Haitian women began to emerge from the shadows to challenge their status of inferiority. Women no longer

yo vle etidye epi travay pou yo viv. Pa lontan apre sa, lekòl ak fakilte pral ouvè pòt yo pou fanm.

Comhaire-Sylvain pral kapab trase chimen li nan nan renesans fanm ayisyen sa a. Li pran enspirasyon nan ka Marie Curie, Pri Nobèl nan chimi, premye fanm ki resevwa pri a epi premye moun ki prime nan nan de domèn syantifik diferan. Li pati al pouswiv konesans ak diplom an Ewòp. Li chwazi lengwistik ak antwopoloji pou etabli yon karyè entènasyonal ki pral dire plizyè deseni. Se pral premye fanm ayisyen ki pral gen diplòm bakaloreya, lisans ak doktora.

Yon karyè antwopo-lengwistik mondyal

Comhaire-Sylvain pral tabli baz enpòtan pou konesans sou kilti popilè a ann Ayiti. Nan ankèt li yo li trase origin kilti ayisyen an atravè Lafrik, epi li vin montre kòman leksik kreyòl la gen orijin li sitou nan lang afriken Ewe ak Fon , pa nan lang franse. Li pibliye yon latriye atik referans ki mete aksan sou kèk fasèt nan lavi sosyal ak kiltirèl ann Ayiti, men tou sou lavi sosyal nan kèk peyi Afriken, tankou Kongo ak Nijerya.

An 1968, nan « Femmes de Kinshasa hier et aujourd'hui » (Fanm Kinchasa nan tan lontan ak jodiya), li drese pòtre fanm nan Kinchasa (kapital Repiblik Demokratik Kongo, ki te rele Zayi alepòk). Rechèch li yo ouvè pou lòt chèchè nan peyi a.

Ak mari li Jean Comhaire, li monte yon katalòg trè enpòtan kont ann Ayiti, ki vin nan enskri yo nan *oraliti* folklorik ayisyen epi kilti kreyòl yo. Li drese yon lis pwovèb ayisyen tou, ki pale sou fanm nan *La femme dans le proverbe créole (Fanm nan pwovèb kreyòl)*. (1938)

An 1936, li defann yon tèz doktora nan la Sorbonne sou kont Ayisyen yo. « Rechèch li yo, malgre limit epistemik ak metodolojik yo, pèmèt nou kategorize, idantifye estrikti yo epi trase orijin kont Ayisyen yo nan »: *Les contes haïtiens* (1936)", ou ka li sa sou Fabula.

Pakèt vwayaj syantifik li yo fè l vin tounen yon jwayo entènasyonal. An Ewòp, li te yon asistan rechèch nan Inivèsite Lond (1935), yon manm seminè gwo pwofesè nan Oxford ; pwofesè inivèsite nan Wachingtonn, Briksèl, elatriye.

wished to depend exclusively on men; they wanted to pursue university studies and earn a living. Soon, schools and faculties opened their doors to women.

In this renaissance of the Haitian woman, Comhaire-Sylvain was able to chart her path. Inspired by the Nobel Prize winner in chemistry, Marie Curie—the first woman to receive this prize and the only one at the time to be distinguished in two distinct scientific fields—Comhaire-Sylvain left to pursue her studies in Europe. She chose linguistics and anthropology to establish her long international career, becoming the first Haitian woman to complete an undergraduate and doctoral program.

A worldwide anthropo-linguistic breakthrough

Comhaire-Sylvain produced an essential foundation of knowledge on Haitian popular culture. In her research, she traced the origins of Creole across Africa, asserting that the Creole lexicon draws mainly from two dialects of the Gbe family of African languages: Ewe and Fon, by way of French. Her various reference articles highlight not only aspects of the social and cultural life of Haiti but also that of certain countries in Africa, notably the Congo and Nigeria.

In 1968, in her piece "Women of Kinshasa Yesterday and Today," she offered a profound portrayal of the women of Kinshasa (capital of the Democratic Republic of Congo). This research paved the way for other researchers studying the country.

In collaboration with her husband, Jean Comhaire, she compiled a critical catalog of Hatian folktales, placing them in the registry of Haitian folk orature and Creole cultures. This catalog also contains a list of Haitian proverbs involving women (1938).

In 1936, she defended a doctoral thesis on Haitian tales at the Sorbonne. The literary research site Fabula says the following about her work, "her studies, despite their epistemic and methodological limits, make it possible to categorize, to identify the structures and also to trace the origins of Haitian tales entitled, *Les contes haïtiens* (1936)."

Comhaire-Sylvain's numerous academic travels transformed her into an international figure. In Europe, she was a research assistant at the University of London (1935), a member of the seminar of eminent professors at Oxford, a university professor in Washington and Brussels,

Li te nan tèt delegasyon Ayiti a nan Asanble entè-ameriken fanm yo nan Bwenozè. Li te okipe pòs ekspè Loni sou Lafrik pandan 8 lane.

Suzanne, premye fanm lengwis an n Ayiti

Comhaire-Sylvain te vin enplike nan etidye lang manman li nan yon epòk kote yo t ap di lang kreòl yo pa te medite pou yo chita etidye yo. Grasa li menm, anpil chèchè atravè lemonn pral pote atansyon yo sou kreyòl.

Zèv li *Le créole haïtien, morphologie et syntaxe* (Kreyòl ayisyen, mòfoloji ak sentaks) (1936), yon liv referans pou chèchè nan domèn kreyòlistik, klase pami youn nan premye rechèch syantifikman enkontestab yon ayisyen pibliye sou kreyòl ayisyen. « Li pa sèlman bay llang ayisyen yo pale a ton nouvo imaj, men tou ki mete limyè sou trezò literè ki kache nan lang sa a » istoryen afwo-ameriken an Carter Godwin Woodson te ekri an 1937.

Sou prezidan Dumarsais Estime, li te enspektè lekòl yo, epi apre li ko-fonde epi dirije l'École des Lettres (Lekòl literati) (1937). Nan menm epòk la tou li vin manm gwoup pwofesè enstiti etnoloji Jean Price Mars te fonde a (1941).

Suzanne Comhaire-Sylvain nan nivo entènasyonal

Suzanne te vin tèlman gen yon kokennchen lanmou pou Lafrik, tè zansèt li yo, rive laj 74 lane li pral enstale li pou tout tan nan vil inivèsitè Nsukka nan Nijerya. Nan dat 20 jen 1975 Ayiti kou Lafrik pral gen dlo nan je apre lanmò trajik fanm eksepsyonèl sa a. Nan yon omaj ki pibliye apre lanmò li nan Archives de la société des Africanistes (1975), Laënnec Hurbon, yon sosyològ ayisyen pral di konsa : « Suzanne Comhaire-Sylvain fèk janbe epi li kite kokennchenn travay sou literati oral ayisyen ak afriken.(...) Toutpandan ke nan ane 1936, yo te meprize kreyòl tankou yon senp derive, defòmasyon lang franse, Suzanne Comhaire-Sylvain, li menm, li te redi pou montre enpòtans eitaj afriken an nan fondasyon kreyòl ayisyen an [...] ».

Suzanne Comhaire-Sylvain - ekriven an, lengwis la, antwopològ la - twa vi nan youn, ki viv, atravè zèv li transande letan pou nou pa janm bliye li.

and the list goes on. She also served as head of the Haitian delegation to the Inter-American Assembly of Women in Buenos Aires and held the position of UN expert on Africa for eight years.

Suzanne, Haiti's first female linguist

Comhaire-Sylvain committed herself to the study of her mother tongue when Creole languages were considered unworthy of academic treatment. Thanks to her, many researchers worldwide would begin to pay attention to Creole.

Her work *Le créole haïtien, morphologie et syntaxe* (1936), a staple for creolistics researchers, is considered one of the first studies of indisputable scientific rigor published on Haitian Creole by a Haitian. "She not only provided a new image of the Haitian language but of the literary treasures of which this language is the key," wrote the African-American historian Carter Godwin Woodson in 1937.

Under the presidency of Dumarsais Estimé, she was also a school inspector, and she participated in turn in the founding and administration of the *l'École des Lettres* (1937). She also became a member of the faculty of the Institute of Ethnology founded by Jean Price-Mars (1941).

Suzanne Comhaire-Sylvain internationally

Suzanne had such a deep love for Africa, the motherland of her ancestors, that at the age of 74, she settled permanently in the university city of Nsukka in Nigeria. On June 20, 1975, Haiti, like Africa, would mourn the tragic departure of this exceptional woman. In a posthumous tribute found in the Archives of the Africanist Society (1975), the Haitian sociologist Laënnec Hurbon wrote, "Suzanne Comhaire-Sylvain has just died leaving a considerable work on African and Haitian oral literature. (…) While in 1936, Creole was considered as a simple bastardized derivative of the French language, Suzanne Comhaire-Sylvain, worked to show the importance of the African contribution in the constitution of Haitian Creole […]".

The writer, the linguist, the anthropologist Suzanne Comhaire-Sylvain—three lives lived in one—transcends time through her works so that we never forget her.

Vizyon Jean Price-Mars sou yon lòt model fanm ayisyèn

Shanna Jean-Baptiste

Dezyèm pati

SE TALIE CÉRIN KI TRADWI TÈKS SA A DE ANGLÈ

Jean Price-Mars and The Haitian Woman of Tomorrow

Shanna Jean-Baptiste

Partie 2

Menm si li revolisyonè sou anpil pwen, kontribisyon Price-Mars nan diskou sou feminism Ayisyen an gen limit ki enpòtan. Price-Mars li menm prevni nou *"Qu'on ne s'imagine pas que par snobisme, je suis un théoricien de féminisme outrancier"* ("Pa fè erè imajine mwen se yon teyorisyen feminism egzajere"). 113. "Feminism" li an se yon ideyoloji boujwa ki bay klas ki ap domine a responsabilite moral pou gide sa ki anba yo. Nan prefas *La Vocation de l'élite* Price-Mars di *"Toute mon ambition serait de rappeler cette élite à la dignité simple de sa vocation en lui conseillant un meilleur usage de sa valeur morale, sociale et intellectuelle."* ("Tout anbisyon mwen se mennen elit sa a nan senp diyite vokasyon li nan ba l konsèy sou jan pou li pi byen itilize valè moral, sosyal ak entèlektyèl li").[1]

Nosyon boujwa sou respektabilite jan yo make esè Price-Mars la ki kwè nan nòm matrimonyal yo. "Fanm demen an" pa dwe etale edikasyon li e li pa dwe pedan oubyen yon *ba ble*. Reyisit entèlektyèl li dwe benefisye nasyon an, paske "fanm demen an" ak "nouvo site a" gen gwo lyen. (128). Ledikasyon li ap resevwa a dwe ede li pou li vin yon pi bon manman ki ap kapab gide pi byen pitit li yo. Mari li p ap neglije li ankò paske madanm lan ap kapab pataje epi devlope efò entèlektyèl li yo.

Kanpay pou egalite jan ann Ayiti Price-Mars la, rantre nan yon òd patriyakal ki pa kite twòp plas pou fanm. Price-Mars estime se gason ki responsab inegalite fanm ki boujwa yo ap viv. Li ekri: *"À qui la faute? Mais à nous, Messieurs qui n'avons pas su élargir le cadre des préoccupations féminines, qui avons maintenu nos femmes dans une situation d'infériorité et borné leurs aspirations à choisir l'alternative ou à devenir des mères-gigognes ou à n'être que des instruments de plaisir et des objets de luxe"* (104). (Ki moun ki responsab? Eben se nou menm mesye, ki pa te rive elaji kad preyokipasyon fanm yo, ki kenbe madanm nou yo nan sitiyasyon enferyè epi bòne anbisyon yo genyen pou chwazi yon altènatif oubyen tounen manman anpil timoun oubyen sèvi enstriman plezi ak atik liksye). Poutan, Price-Mars elimine fanm yo plis toujou nan retire yo nan konvèsasyon ak solisyon li pwopoze yo. Moun Price-Mars ap pale ak yo se gason ki nan elit boujwazi a; "nou" li pale de li a pa pran an kont ni moun ki nan klas peyizan an (gason peyizan an non plis), ni fanm (menm fanm boujwazi a). Gason yo responsab kase chenn sistèm patriyaka a yo mete sou pye a.

---

[1] Price-Mars, preface to *La Vocation de l'élite*, III.

While groundbreaking in many ways, Price-Mars' contributions to the discourse on Haitian feminism contain significant limitations. Price-Mars himself warns us: *"Qu'on ne s'imagine pas que par snobisme, je suis un théoricien de féminisme outrancier"*113. ("Make no mistake, I am far from a partisan of unbridled feminism", 113). His "feminism" is a bourgeois ideology that endows the ruling class with the moral responsibility of enlightening their lessers. In the preface to *La Vocation de l'élite*, Price-Mars affirms: *"Toute mon ambition serait de rappeler cette élite à la dignité simple de sa vocation en lui conseillant un meilleur usage de sa valeur morale, sociale et intellectuelle."* ("My sole ambition is to recall this elite to the simple dignity of its vocation by guiding it on the best usage of its moral, social and intellectual worth.")[1]

Bourgeois notions of gender respectability pervade Price-Mars' essay as the author upholds matrimonial normativity. *"La femme de demain"* must not flaunt her education and must refrain from being pedantic or a *bas bleu*. Her intellectual achievement must benefit the nation, especially because "la femme de demain" and "la cité nouvelle" are intertwined (128). The education she will receive will make her a better mother, more capable of guiding her children. Her husband will no longer neglect her, given her ability to share and develop *his* intellectual endeavors.

Price-Mars' push for gender equality in Haiti operates within a patriarchal order that allows women very little agency. Price-Mars argues that men are to blame for the gender inequality bourgeois women face. He writes: *"À qui la faute ? Mais à nous, Messieurs qui n'avons pas su élargir le cadre des préoccupations féminines, qui avons maintenu nos femmes dans une situation d'infériorité et borné leurs aspirations à choisir l'alternative ou à devenir des mères-gigognes ou à n'être que des instruments de plaisir et des objets de luxe"* (104). Yet Price-Mars further ostracizes women by excluding them from the conversation and solutions he proposes. Price-Mars' interlocutors are elite bourgeois men; the "we" invoked does not include members of the peasantry (including men), nor women (including those of the bourgeoisie). Men are enjoined to break away from the patriarchal system they themselves have put in place.

---

[1] Price-Mars, preface to *La Vocation de l'élite*, III.

De limit nou ka wè a klè nan feminis Price-Mars la se move deskripsyon ki pa jis sou relasyon jan yo nan mond riral la ak esklizyon fanm peyizan an nan avni feminis li anvizaje a. Price-Mars kenbe lide fanm peyizan ak fanm boujwa a pa fè menm eksperyans soumisyon patriyakal la. Li kontinye pou li di, fanm peyizan an tonbe nan yon fòm soumisyon patikilye ki imilye yo, redui yo pou yo vin zouti gason: "*l'homme des champs réduit sa compagne de manière à en faire un simple instrument de sa prospérité personnelle*" (100) (Gason ki travay latè a fè madanm li redui a yon senp enstriman pou pwosperite pèsonèl li). Gason peyizan an bay fanm yo pati travay ki pi gwo a. Pandan gason yo ap travay latè, medam yo yo menm ap okipe yo de simen grenn pou vann nan mache, rekòlte, ki se yon pwosesis ki penib, mete sou sa, travay tradisyonèl nan kay la ak ledikasyon timoun yo.

Menm si y ap sibi fòm soumisyon diferan, Price-Mars jwenn yon pwen komen ant fanm ki peyizan yo ak sa ki nan boujwazi a: yo tou de "*non-seulement soumise à la loi de l'homme, mais elle ne paraît exister qu'en fonction de son plaisir et de son intérêt*" 103 (non sèlman yo anba lwa gason, men fanm parèt egziste an fonksyon plezi ak enterè gason)

Sepandan, lè nou analize an pwofondè panse Price-Mars la nou jwenn gen yon enkonpreyansyon risk ki genyen lè nou konsidere jan ak klas. Pou li, li evidan de gwoup fanm yo egziste nan de espas tan diferan. Fanm peyizan an bloke nan yon nivo evolisyon akayik ki poko rive nan tan modèn lan. Yo fonskyone tankou souvni koutim ki pèdi yo epi tankou reyenkanasyon sa "nou menm" boujwazi a te ye. Poutan "nou" sa a reprezante sa fanm peyizan an ta ka gen anbisyon pou li ye tou pi devan. Fanm peyizan yo kondane pou yo rete nan peryòd anvan tan modèn lan sof si fanm boujwa yo sove yo.

Two of the most glaring limitations of Price-Mars' feminism remain his disappointing and inadequate description of rural gender relations and his exclusion of peasant women from the feminist future he envisions. Price-Mars maintains that peasant and urban bourgeois women experience patriarchal subordination differently. He further claims that peasant women are caught in a particularly humiliating form of subordination that reduces them to tools for their male counterparts: "*l'homme des champs réduit sa compagne de manière à en faire un simple instrument de sa prospérité personnelle*" (100). The peasant man delegates the lion's share of the work to women. While men handle only field clearing, women handle everything from the seed sowing to the market vending, including the arduous process of harvesting, in addition to traditional household labor and the rearing of children.

Despite their experiencing different forms of subordination, Price-Mars notes a kinship between women of the peasantry and those of the bourgeoisie: they are both "*non-seulement soumise à la loi de l'homme, mais elle ne paraît exister qu'en fonction de son plaisir et de son intérêt*" ("not simply subject to the laws of men, but seem to exist purely for men's pleasure and interest", 103). Essentially, the two forms of subordination are articulations of the same patriarchal system. (101).

However, a closer look at Price-Mars' thinking reveals a deep misunderstanding of what is at stake when we take both gender and class into consideration. For him, it is evident that the two groups of women exist in two different temporal spaces. Peasant women, stuck in an archaic evolutionary stage, functioning as living relics of lost customs and as avatars of how "we", the bourgeoisie, used to be, while "we" represent what peasant women could aspire to become in the future. For Price-Mars, only the bourgeoise can become the woman of tomorrow. Peasant women are doomed to be trapped in this pre-modern past unless rescued by enlightened bourgeois women.

> *"La femme de demain penchera sa bonté diligente vers ses sœurs plus humbles parce qu'elle voudra adoucir la condition des pauvres paysannes obtuses, relever les dégradées, panser les blessés de la vie, elle voudra pour elles aussi qu'il y ait sur cette terre plus de justice, plus de mansuétude et plus d'humaine générosité"* (124). (Fanm demen an ap pataje bonte li ak sè li yo ki pi enb yo paske li ap vle adousi kondisyon pòv peyizan bòne yo, mete kanpe sa ki degrade yo, panse moun lavi blese yo, li ap vle plis jistis pou yo tou, plis bonte ak jenewozite moun ak moun).

Nan avni feminis Price-Mars la, divizyon sosyal yo rete menm jan an, yo rezonnen ak konviksyon pi laj li genyen sou wòl ak "vokasyon" elit la.

Deskripsyon chematik Price-Mars fè sou relasyon jan yo nan mond riral la, apiye jan yo efase nan listwa fanm ki pa nan elit la, e avni feminis li a retounen ak divizyon klas yo ki ap dechire nasyon an. Fanm Ayisyen ki peyizan yo se youn nan gwoup sosyal ki pi vilnerab paske yo mete sou kote nan pouvwa politik ak ekonomik. Li nesesè pou tout batay feminis ann Ayiti kòmanse pa anba, paske liberasyon fanm riral la ap ede libere nou tout. Pou sa rive reyalize, tout diskou feminis yo dwe konsidere jan diferan aks opresyon yo - san rete sou jan ak klas men san nou pa retire yo - kwaze pou kreye yon pi gran inegalite pou fanm riral Ayisyen yo.

"La femme de demain penchera sa bonté diligente vers ses sœurs plus humbles parce qu'elle voudra adoucir la condition des pauvres paysannes obtuses, relever les dégradées, panser les blessés de la vie, elle voudra pour elles aussi qu'il y ait sur cette terre plus de justice, plus de mansuétude et plus d'humaine générosité" (124).

"The woman of tomorrow will turn her good works towards her more humble sisters, seeking to soften the burden of brutish peasant women, uplift the defiled, bandage life's wounded, she would desire that for them also the world be more just, more indulgent, more filled with humane generosity". (124)

In Price-Mars' feminist future, class divisions persist, echoing his broader beliefs about the role and "vocation" of the elite.

Price-Mars's schematic description of rural gender relations exacerbates the historical erasure of non-elite women, and his feminist future reiterates classist divisions afflicting the nation. Haitian peasant women remain one of the most vulnerable social groups, as they are excluded from political and economic power. Any feminist struggle in Haiti must be from the bottom up, as the liberation of rural women will ensure liberation for all. For that to happen, any feminist discourse must account for how different axes of oppression—including but not limited to class and gender—intersect to create greater inequity for rural Haitian women.

Corine Bond fèt ann Ayiti epi li leve Sendomeng. Li se yon grafis ki gen eksperyans nan fè rechèch sou desen pou chanjman sosyal. Li te etidye Atizay ak Konsepsyon nan Inivèsite Emily Carr nan vil Vancouver. Li vle konekte travay grafik ak atistik li avèk pwojè kiltirèl ak chanjman sosyalman, espesyalman sa ki gen pou wè ak Ayiti.

MONTREAL

TORONTO

NEW YORK

Militan ak ekriven afwo feminis, **Fania Noel** fèt ann Ayiti e li grandi an Frans. Li ap fè etid doktora li nan sosyoloji nan The New School for Social Research. Rechèch li yo chita sou Nwa ak Afrikina, feminis Nwa yo ak etid kiltirèl. Li se manm òganizasyon Black Feminist Future. Dezyèm liv li ki rele "Et maintenant le pouvoir. Un horizon politique afroféministe", fenk parèt an 2022 a, nan edisyon Cambourakis.

Edwidge Danticat se otè plizyè liv fiksyon ak dokimantè ki gen ladann Breath, Eyes, Memory, After the dance, ak Create Dangerously. Dènye liv li ekri a rele Everything Inside.

FLORIDA

AYITI

MEXICO

Keylah Mellon se yon fotograf e yon grafis endepandan Ayisyen-Ameriken ki baze nan Nouyòk ki ap chache koneksyon. Li etidye Atizay avèk yon konsantrasyon nan fotografi, e li gen yon metriz syans nan maketing.

Nathalie Batraville se yon pwofesè adjwe. nan Enstiti Simone Beauvoir nan Invèsite Concordia. Li resevwa doktora li nan literati fransè nan lane 2016 nan Inivèsite Yale. Li ekri tèz li sou pwodiksyon literè ayisyen pandan diktati Francois Duvalier. Zèv li yo fè refleksyon sou feminism nwa, abolisyon sistèm prizon ak lapolis, ak teyori dekolonizasyon ak LGBT. Nan moman an, li ap travay sou yon nouvo travay ki repanse nosyon konsantman sou yon baz feminis nwa.

Shanna Jean-Baptiste se yon asosye pòs doktoral nan depatman fransè nan Inivèsite Rutgers. Shanna grandi nan vil Jakmèl, e se la li te lekòl. Lè li te gen 18 an, lè li kite peyi a al Ozetazini. Nan mwa me 2020, li resevwa doktora li nan etid fransè ak afwo-ameriken nan Inivèsite Yale. Nan moman an, li ap ekri yon liv ki retrase diskou antikolon ak anti-enperyalis nan literati ak listwa ayisyen. Pou rantre klas ane 2022 a , Shanna pral rejwenn depatman fransè a nan inivèsite nan wòl pwofesè adjwen.

Wyddiane Prophète se yon jounalis ak etidyan nan Fakilte Lengwistik Aplike nan Inivèsite Deta ayiti. Depi 2018, li ekri yon seri pwofil pou mete aksan sou fanm Ayisyen liv listwa bliye, men ki fè gran kontribisyon nan kreye sosyete ayisyen an. Li te yon finalis nan konpetisyon literati Prix des Jeunes nan lane 2021 an. Prophet se Sekretè Jeneral SEREK, yon sant etid ak rechèch ki ap travay pou fè pwomosyon lang Kreyòl ayisyen an ak kilti li. Nan moman an, li ap travay sou kèk nouvèl e li kòmanse reflechi sou pwojè tèz li.

Rebecca Bruny se yon jounalis ak redaktris nan Ayibopost. Li gen yon diplòm nan domèn jounalis antale loreyat pwomosyon li. Nan moman an li ap etidye filozofi nan Lekòl Nòmal Siperyè nan Inivèsite Leta an Ayiti.

Gaëlle Bien-Aimé se yon jounalis, otè, aktris, imoris, epi youn nan fondatè Acte, École d'Art Dramatique. Li se yon atis militan, e li se manm Òganizasyon Feminis Nègès Mawon.

Gessica Généus se yon aktris, reyalizatris ak ekriven ki fèt nan vil Pòtoprens. Dènye fim li an ki rele Freda resevwa anpil lwanj ann Ayiti kou a letranje.

Corine Bond was born in Haiti, and raised in Haiti and the Dominican Republic. She is a graphic designer with experience in design research for social change. She studied in Vancouver at Emily Carr University of Art + Design. She seeks to connect her graphic and artistic work to cultural and social change projects, especially related to Haiti.

MONTREAL

TORONTO

NEW YORK

Afro-feminist activist and essayist, **Fania Noël** was born in Haiti and raised in France. She is pursuing her PhD in sociology at The New School for Social Research. Her fields of research are Black and Africana studies, Black feminism and cultural studies. She is a member of the organization Black Feminist Future. Her second book, Et maintenant le pouvoir. Un horizon politique afroféministe [Power Now: An Afro-feminist Political Horizon], is set to be published at Éditions Cambourakis in 2022.

Edwidge Danticat was born in Haiti and moved to the United States when she was twelve. She is the author of several books. Her core work focuses on the lives of women and their relationships, Haitian migration, injustice, and power.

FLORIDA

AYITI

MEXICO

Keylah Mellon is Haitian-American photographer and freelance graphic designer based in New York, in search of commonality. Trained in the fine arts with a focus on photography, she now holds a Master of Science in Integrated Marketing.

Nathalie Batraville is an assistant professor at the Simone de Beauvoir Institute at Concordia University. She obtained her doctorate in Francophone literature in 2016 from Yale University. Her thesis focused on Haitian literary production under the dictatorship of François Duvalier. Her work examines Black feminism, police and prison abolition, as well as decolonial and queer theories. She is currently working on a book that rethinks the notion of consent from a Black feminist perspective.

Shanna Jean-Baptiste is a Postdoctoral Associate at Rutgers University in the Department of French. Shanna grew up in Jacmel, where she went to school. At 18, she moved to the U.S., where she earned a joint PhD in French and African American Studies from Yale University in May 2020. She is currently working on a book manuscript that traces anti-colonial and anti-imperialist discourses in 19th century Haitian literature and history. Starting fall of 2022, Shanna will join Rutgers' Department of French as an Assistant Professor.

Wyddiane Prophète is a journalist and student at the Faculty of Applied Linguistics (FLA) at the State University of Haiti. Since 2018, she has been a freelancer at Loop Haiti where she writes a series of profiles, highlighting great female figures who, despite being forgotten in the history books, made major contributions to the construction of Haitian society. She was one of the finalists of the 2021 Prix des Jeunes writing competition. She is also Secretary General of SEREK, a center for studies and research aimed at promoting Haitian Creole and its culture. She is currently working on a few novels and is reflecting on publishing her dissertation project.

Rebecca Bruny is a journalist and editor at Ayibopost. She holds a degree in journalism and graduated top of her class. She is currently studying philosophy at the Ecole Normale Supérieure of the State University of Haiti.

Gaëlle Bien-Aimé is a journalist, author, actress, comedian, and co-founder of the Acte School of Dramatic Art. She is also an artivist and a member of the feminist organization, Nègès Mawon.

Gessica Généus, born in Port-au-Prince, is an actress, director and writer. Her last film, *Freda* is critically acclaimed in Haiti and abroad.

Oganizasyon kite pote boure Alaso avè n
Acknowledgment to our partners and supporters

Marijàn (Ayiti)

Librairie Racines (Canada)

Rede de mulheres negras de Pernambuco (Brasil)

Mwasi-Collectif Afroféministe (France)

Sawtche Collectif-Afroféministe (France)

JAMA (Sénégal)

Kinfolk Network (United Kingdom)

Haiti Cultural Exchange (U.S.A)

Black Feminist Future (U.S.A)

Black Women Radicals (U.S.A)

Kouvèti / Cover
Corine Bond

Konsepsyon e grafis / Concept & Graphic Design
Corine Bond

Ekriti / Typefaces
Adobe Jenson Pro
Palatino Lino Type

Enprimè / Printer
Spektar
7, Heidelberg Str., Drujba 2
1582 Sofia, Bulgaria

Kontak / Contact
negesmawon@gmail.com
Twitter/Instagram : @neges_mawon

Alaso #2
Pibliyè 3 avril 2022, Pòtoprens, Ayiti
Published April 3rd, 2022, Port-au-Prince, Haiti

Legal Deposit
Bibliothèque National d'Haïti

ISBN 978-0-578-39185-4

Co-Edited by

Nègès Mawon

18 Impasse Baron

Port-au-Prince, Haiti

Syllepse Edition

69 rue des Rigoles

75020 Paris, France

10 US$

9 €

12 CAD

9 780578 391854